U1009619

家庭资产增值知识手册

——如何让你有效地实现资产的翻滚

赵燕 陈耀平◎著

北京工业大学出版社

图书在版编目(CIP)数据

家庭资产增值知识手册：如何让你有效地实现资产的翻滚 / 赵燕，陈耀平著. —北京：北京工业大学出版社，2016.9
ISBN 978-7-5639-4856-7

Ⅰ.①家… Ⅱ.①赵… ②陈… Ⅲ.①私人投资—通俗读物 Ⅳ.①F830.59-49

中国版本图书馆 CIP 数据核字（2016）第 193879 号

家庭资产增值知识手册——如何让你有效地实现资产的翻滚

著　　者：赵　燕　陈耀平
责任编辑：张　悦
封面设计：翼之扬设计
出版发行：北京工业大学出版社
(北京市朝阳区平乐园 100 号　邮编：100124)
010-67391722（传真）　bgdcbs@sina.com
出 版 人：郝　勇
经销单位：全国各地新华书店
承印单位：北京建泰印刷有限公司
开　　本：787 毫米 × 1092 毫米　1/16
印　　张：14.5
字　　数：142 千字
版　　次：2016 年 9 月第 1 版
印　　次：2016 年 9 月第 1 次印刷
标准书号：ISBN 978-7-5639-4856-7
定　　价：26.00 元

版权所有　翻印必究
(如发现印装质量问题，请寄本社发行部调换　010-67391106)

前　言

作为“早八晚五”的工薪一族，除勤奋工作外，如何抓住机遇、实现自身资产的翻滚，无疑是成就财富人生的关键。本书就以投资理财作为切入点，让你在时代机遇的大背景下，掌握一定的投资理财技能，更好地驾驭自己的资产，科学合理地分配自己的资产，从而赢得资产的增长。

作为资产增值的理财助手，本书实用性强，有可操作性，能充分帮助读者了解资产进行增值的方式，并让资产翻滚起来。书中列举了很多真实有效的案例，为读者展示了为什么要对资产进行管理、怎么样管理才能使我们的资产增值等几方面内容，以此来帮助读者有效地达成资产增值的目的。

笔者作为资深的投资理财人士，已将个人资产投入多个领域，将自己所研究的理财经验，用幽默的文笔让枯燥的理财经济学变得引人入胜、轻松活泼，给读者详解了时下较为热门的理财产品，让理财成为一件轻松、易执行的事情，并把资金的增值与流动变为可计划和可执行的事。

本书绝对不是一本枯燥的理财教科书，它不会手把手教给你那些“硬邦邦”“学院派”“说教类”的理论。它是一本轻松、有趣的理财“干货百科全书”——可以轻松入门，也可以迅速实战。作者用轻松易懂的文字、有趣的事例为你讲述理财的那些事儿，可以让你随时随地学到很多理财的小知识和小技巧，并可以真实地用到平时的生活中去。

本书分为理论篇、实战篇，对于理财的各种理论和常识进行了详细的讲解，分别从家庭理财、工薪理财、女性理财等各种实战中提供了十分充足的干货。

相信读了本书之后，你会发现曾经生活中、家庭中的各种理财误区，如果能将本书的各种“理财秘籍”一一掌握，相信过不了多久，你的资产将得到快速的翻滚。

目　　录

理财理论篇

第一章　资产增值的最佳途径——理财

第二章　投资理财的大学问

理财实战篇

第三章　资产增值：家庭理财的大学问

第四章　女性理财：“巾帼不让须眉”的理财人生

理财理论篇

第一章

资产增值的最佳途径——理财

第一节　资产增值

理财产品的分类

每个人都有自己的资产，有的人可能有几万，有的人有几十万，有的人甚至有几百万、上千万。资产包括现金、房产等有形资产，也包括理财产品等无形资产。

如果我们把资产放在“原地”，那么它们也许会随着时间的流逝慢慢贬值。因此，只有学会理财，才能让我们的资产不断地增值，不断地让资产进行翻滚。

首先，我们要知道什么是理财产品。

理财产品，即由商业银行和正规金融机构自行设计并发行，将募集到的资金根据产品合同约定投入相关金融市场及购买相关金融产品，获取投资收益后，根据合同约定分配给投资人的一类金融产品。

常见的理财产品有三大类：第一大类是固定收益类的理财产品，常见的有银行理财产品、信托理财产品；第二大类是保本浮动收益理财产品，以银行发行为主；第三类是非保本浮动收益类理财产品，主要分为银行理财产品和证券投资理财产品。

那么理财产品还可以有哪些分类呢？

根据币种分类主要分为人民币理财产品、外币理财产品以及双币理财产品，如外币理财产品只能用美元、欧元等外币购买，人民币理财产品只能用人民币购买，而双币理财产品则可以同时涉及人民币和外币。

根据收益方式分类主要分为保证收益理财产品和非保证收益理财产品。保证收益理财产品的收益是固定的，到期后就可以获得协议上规定的收益，反之则为非保证收益理财产品。非保证收益理财产品又分为保本浮动收益理财产品和非保本浮动收益理财产品。保本浮动收益理财产品是指银行按照约定向客户保证本金支付，本金以外的投资风险由客户承担，并依据实际投资收益情况确定客户实际收益的理财产品，反之就是非保本浮动收益理财产品。比如，我们在活期存款里面有一些闲钱的时候，就可以选择保本浮动收益理财产品，利息比定期的收益要高，较稳定，而且周期很短，像七天存款通知、货币市场基金、中短债基金、人民币理财和外币理财等创新品种。

根据银行和投资人二者之间的法律关系不同，主要分为固定收益类理财产品、非保本浮动收益理财产品、商业银行承销的理财产品。

众所周知，大多理财产品的收益比传统的银行定期储蓄要高，但高收益的背后同时伴随着风险，很多银行的理财产品宣传单上会注明以下几个字：“理财有风险，投资需谨慎。”

理财的原则

理财有三大原则：避免亏损、复利和时间管理。

第一个原则是避免亏损。亏损对于有过理财经验的人来说并不陌生，所有人都希望做到不亏损，但是理财的风险不是人为可以控制的。“股神”巴菲特每一次在提到他的投资原则时都会不止一遍地重申此原则，可见其分量之重。

道理其实很简单，赚钱都是其次，本金总不能亏了吧？这是理财市场的“底线”。

只有我们没有将本金亏损，复利投资才有可能实现。如果连本金都亏了，复利投资就是空谈，整个理财计划全部被打乱。

而且最重要的是，当本金出现大幅亏损后，投资者的理财信心将遭受巨大打击。

因此，我们需坚持避免亏损的原则，在投资理财产品时，对于风险和收益需进行多轮比较和分析，对于各类理财产品要谨慎选择，认真计算理财的回报率。

投资理财者都明白，浮动类收益产品的收益十分高，同时投资风险也大，那么，怎么才能保证不亏损呢？

很多金融机构研究员和金融分析师对固定收益类产品的研究表明，转向固定收益保本类产品的投资，就可以达到较稳定、较合理的投资回报，当然，收益也稍微少一些。

只有当我们认识到这一点，投资固定收益类产品，才有可能让避免亏损成为现实，也可以达到理财有收益的目标。

当然，固定收益类产品同样有一定风险，只是相对于浮动收益类产品安全性略高一些，回报也稍稳定。

“高收益，高风险；低收益，低风险”。这是理财投资界的行话。因此，寻找一些风险较低的固定类理财产品是个不错的选择。

与避免亏损一样，复利原则也是理财中一个非常重要的原则。

什么叫复利？简单来说也就是要把所赚到的钱再进行投资，让钱再生钱。复利就是投资者常说的“利上加利”，是指一笔存款或者投资获得回报之后，在连本带利进行新一轮投资的方法。很多人对于复利所带来的巨大能量还不太了解。曾有金融分析师做过一个简单的计算：假设你现在有一万元用于投资，每年的投资收益是 25%。如果你是赚单利的话，三年后，你总共可以赚到 7500 元。但如果你每年都把赚到的钱用于再投资的话，那么三年后你总共可以赚到 9531.25 元。这多赚的 2000 多元是在这三年里你的钱所生的钱。当然时间越长，复利越多。

只要我们开始进入理财投资这一领域，投资时间积累得越长，长久看来收益将越大。越早开始理财，以后的收益就越大。就好比每个月投资一百元，到了十年、二十年，甚至五十年后，复利所显示的“四两拨千斤”的无穷能量就发挥作用了。所以我们要早点研究理财的技巧，让我们的资产进行有效的翻滚，将财富逐渐积累。

曾有金融理财师总结过一个千万富翁投资的黄金法则：先储蓄，后消费，每月储蓄 30%工资；坚持每年投资，投资年回报率保持在 10%以上；坚持 10 年以上持续不断的投资。

也就是说，我们要将一份稳定的投资坚持十年甚至更长时间，这就是投资理财的第三个原则：时间管理。管理好时间可以帮助我们让资产翻滚。

既然复利和时间管理的能量如此巨大，那么我们投资者如何把握复利和时间管理的原则呢？

(1) 要有坚持的耐心，投资有可能是十年，甚至二十年才能看到收益回报。

(2) 要有稳中求胜的心态。我们不能总是想着一次就能赚高回报，应该有稳健的心态。

(3) 要有投资的勇气并理性投资。不要害怕风险，有风险才有收益，如果坐在家里什么也不做，风险固然很少，但永远看不到收益。同时也要理性投资，不要被高收益、高回报冲昏了头脑，要研究好合适的理财产品再进行投资。

(4) 投资要趁早。每一批投资股票的老股民现在都收到回报了，因此，现在开始投资也不晚，用时间来证明投资的回报。

在理财产品中，基金定投是体现复利效果的最好的投资方式，通过选择基金的分红进行再投资，基金定投就会聚沙成塔，小投入变为大财富。

每个月拿出一部分钱来投资做理财，可以让风险分散，还可以让成本降低。

“最低买入，最高卖出”这样的投资只是镜中水月，因此，基金定投可以不用费尽心思去为了“追涨杀跌、高吸低抛”而绞尽脑汁了。

基金定投是额度小、门槛低、纪律明的投资方式，是为投资新人准备的、较稳当的投资产品。

曾有投资界的专家说过：“投资者如果把握复利原则和时间管理原则，那么你的投资回报有可能是‘原子弹’。”可见这两个原则的重要性。

因此，我们没有必要每天梦想着超高收益率砸中我们，选择一款稳定收益率的产品，让复利发挥超凡能量，让时间来为我们护航，终有一天，我们将获得高额的投资回报。

只有当时间管理和复利共同“配合”，才能让投资回报的收入达到最大化。曾有理财师计算过一个数据：“假设一个 25 岁的上班族，每年投资一万元，每年的投资回报率是 10%，到 75 岁时，他就可能成为百万富翁了。”

巴菲特曾在他的书里写道：“我六岁开始储蓄，每月 30 元。到 13 岁时，我便有了 2880 元。后来我买了一只股票，依旧年年坚持储蓄，年年坚持投资，我坚持了 80 年。”

现在他成了美国首富。

为什么我们要进行投资理财

在投资理财界有一句名言：“你不理财，财不理你。”可见理财也是“害羞的、内向的”，我们只有勇敢地去拥抱它，才可以让资产增值。

谁不想自己的财富越来越多呢？当我们看到基金、债券、股票、保险等各种投资产品的时候，可能会有投资理财的冲动，因为只有投资理财才能让我们的资产流动起来，投资出去，也会有收益回来。

投资理财的第一个作用是可以防止通货膨胀对我们造成的财富大量贬值，甚至“跳水”（指股市大盘或某股票大幅度迅猛地下跌，即走势高台跳水一样在短时间内直线向下）。

随着国家金融形势的变化，物价不断上涨，通货膨胀也逐渐变得严重起来。

通货膨胀有哪些危害呢？简单地说就是让我们的钱变得不值钱了。比如说，去年一百元可以买 10 斤肉，而今年只能买 7 斤了。按照国家有关部门的统计数据，在中国过去的 20 年里，我们的资产实际上每年都会缩水 5.1%。有理财师算过一笔账：按照 5%的通货膨胀速度来计算，20 年后 10000 元就相当于现在的 3585 元，缩水 60%以上。

我们的财富的数字没有变化，但是可以购买的东西变少了。

因此，只有我们将钱用来进行投资理财，才可以不让通货膨胀使我们的财富“缩水”。

而且，在进行投资理财的时候，长期来看，收益会发生变化，因此，投资理财有“一石二鸟”的作用，既抵御了通货膨胀，又让自己的收益增加。何乐而不为呢？

投资理财的第二个作用是可以让我们手里的钱继续生钱，让钱“自己翻滚”。比如家里有闲钱的时候就要合理地利用起来，最好的方式就是进行投资理财，让钱“动起来”，不能“睡大觉”。

我们在年轻的时候进行投资理财，到了年老的时候，除了退休金，我们还可以拿理财的收益，可以拥有更有品质的晚年生活。只有当我们年轻时用投资赚到了更多的钱，老年时才能享受自己的福。比如很多美国人会把自己30%~50%的钱拿来做投资理财，这样等他们五六十岁的时候理财的收益不仅能支撑生活，还会有富余。

最开始做投资理财的时候，我们可以拿出家中较少部分闲散的资金，比如一万、五万来做理财，随着理财的收益增加、收入的增多，我们可以将投资理财的金额逐渐增加至十万、二十万，这样的收益效果将成倍增长，可以让我们的存款增值数倍。

不理财，那么我们的存款就会慢慢减少，慢慢就会花完。

第三个作用，投资理财可以让我们的生活品质逐步提升。有的时候，我们总会有这样的感受，物价越来越高，工资却依旧不变。我们巴不得长出“三头六臂”去做几份工作来挣钱，因为工资永远无法满足我们的对于生活品质的要求。房子要花钱、车子要花钱、小孩上学要用钱、一日三餐要花钱、要赡养二老、同事结婚要送红包、领导升职要送礼，还有水电煤气费、物业费、宽带费……而投资理财正好可以让我们在工作之余收获另一份收入，让我们的生活逐步向高品质看齐。

随着职场的不断发展，很多企业将“财商”作为提拔人才的条件之一，因此，我们应该多进行投资理财，比如，在合理、理性的情况下多买理财产品、多投资房产、投资黄金、炒股票，可以让我们的财产不断增加。

只有财商不断增加，我们在投资理财的时候才会拥有更强的眼光，才能找到更大收益率的产品，在炒股的时候才能找到“牛气”的股票。

全球所有富翁几乎都是擅长投资理财的高手，我们想要离他们更近一步，投资理财能力是首先必须学习的。

第二节　银行理财

银行理财产品的分类

银行理财产品是人们进行投资理财时的首选产品。

银行理财产品是商业银行在对潜在目标客户群分析研究的基础上，针对特定目标客户群开发设计并销售的资金投资和管理计划。在理财产品这种投资方式中，银行只是接受客户的授权管理资金，投资收益与风险由客户或客户与银行按照约定方式双方共同承担。

常见的银行理财产品有工商银行的“稳得利”、光大银行的“阳光理财”、民生银行的“非凡理财”、招商银行的“招银进宝”等等。

1. 根据币种的不同，理财产品包括人民币理财产品和外币理财产品两大类。

银行人民币理财是指银行以高信用等级人民币债券（含国债、金融债、央行票据、其他债券等）的投资收益为保障，面向个人客户发行，到期向客户支付本金和收益的低风险理财产品。此理财产品收益率高、安全性强，是人民币理财的主要特点。银行推出的人民币理财产品，大致可分为两类：第一是传统型产品，主要有基金、债券、金融证券等，此类产品风险低，收益确定，一般收益在 3%左右；第二是人民币结构性存款，该类产品与汇率挂钩，它与外币同类产品从本质上来说没有多少差异，风险略高于传统型产品。人民币理财产品更像是定期储蓄的替代品。外币理财产品有“多国货币、高息、短期”等优势。

2. 根据客户获取收益方式的不同，理财产品分为保证收益理财产品和非保证收益理财产品。

保证收益理财产品是指商业银行按照约定条件向客户承诺支付固定收益，银行承担由此产生的投资风险，或者银行按照约定条件向客户承诺支付最低收益并承担相关风险，其他投资收益由银行和客户按照合同约定分配，并共同承担相关投资风险的理财产品。保证收益的理财产品包括固定收益理财产品和有最低收益的浮动收益理财产品。前者的收益到期为固定的，而后者到期后有最低收益，其余部分视管理的最终收益和具体的约定条款而定。非保证收益理财产品又可以分为保本浮动收益理财产品和非保本浮动收益理财产品。保本浮动收益理财产品是指商业银行按照约定条件向客户保证本金支付，本金以外的投资风险由客户承担，并依据实际投资收益情况确定客户实际收益的理财产品。非保本浮动收益理财产品是指商业银行根据约定条件和实际投资收益情况向客户支付收益，但并不保证客户本金安全的理财产品。

3. 根据投资领域的不同，理财产品大致可分为“债券型、信托型、挂钩型及 QDⅡ型产品”。

（1）债券型理财产品指银行将资金主要投资于货币市场，一般投资于央行票据和企业短期融资券。因为央行票据与企业短期融资券个人无法直接投资，这类人民币理财产品实际上为客户提供了分享货币市场投资收益的机会。在这类产品中，个体投资者与银行之间要签署一份到期还本付息的理财合同，并以存款的形式将资金交由银行经营，之后银行将募集的资金集中起来开展投资活动。投资的主要对象包括短期国债、金融债、央行票据以及协议存款等期限短、风险低的金融工具。在付息日，银行将收益返还给投资者；在本金偿还日，银行足额偿付个人投资者的本金。

（2）信托型理财产品是信托公司通过与银行合作，由银行发行人民币理财产品，募集资金后由信托公司负责投资，主要是投资于商业银行或其他信用等级较高的金融机构担保或回购的信托产品，也有投资于商业银行优良信贷资产受益权信托的产品。如新股申购，甚至房地产投资都可以纳入理财产品的投资标的，这意味着普通投资者投资信托的机会更多。投资人主要通过银行购买信托产品，例如农业银行、中信银行等都有相关的产品面世。

(3) 挂钩型理财产品，也称为结构性产品，其本金用于传统债券投资，而产品最终收益与相关市场或产品的表现挂钩。有的产品与利率区间挂钩，有的与美元或者其他可自由兑换的货币汇率挂钩，有的与商品价格（主要是以国际商品价格）挂钩，还有的与股票指数挂钩……为了满足投资人的需要，这类产品大多设计成保本产品，特别适合风险承受能力强，对金融市场判断力比较强的投资者。尤其是股票挂钩产品，已经从挂钩汇率产品，逐渐过渡到挂钩恒生、国企指数，继而成为各种概念下的挂钩产品种类也十分丰富。

(4) QDⅡ型理财产品，简单地说就是投资人将手中的人民币资金委托给被监管部门认证的商业银行，由银行将人民币资金兑换成美元直接在境外投资，到期后将美元收益及本金结汇成人民币后分配给投资人的理财产品。例如光大银行发售的“同升三号”股票联结型理财产品，投资于全球著名的金融公司股票，精选了全球 5 个金融子行业中市值最大的公司，分别为花旗集团、美国国际集团、高盛集团、汇丰控股、瑞士银行。理财期限是 18 个月，同样保证 100%的本金归还。

如何购买银行理财产品

每个月底、节假日的时候，我们去银行办理业务就会引来理财师的各种卖力推荐，比如："我们有一款高收益的理财产品，要不要我给您介绍一下?""这个理财产品只有 90 天，时间短、收益高，而且还十分安全。"

银行的理财产品对于投资理财的新人来说，简直看得投资者"眼花缭乱"，各种数据、收益、专业术语看得投资者感觉云里雾里。

那么，我们在选购银行理财产品的时候有哪些技巧和注意事项呢?

(1) 认真分析产品的类型。既然银行理财是一种投资行为，那么风险肯定由投资者来承担，但作为投资者，可以选择风险性小一点的理财产品。首先，我们要搞清楚理财产品的类型和分类，以免购买时被银行工作人员的高收益等溢美之词所误导。要做一个"懂行"的人。银行理财产品分为保证收益理财产品、保本浮动收益理财产品和非保本浮动收益理财产品三种。第一种是有最低收益的产品，保本浮动收益理财产品是可以保证投资者本金的一种产品，保本是投资的基本原则，但这种产品的收益是浮动的，这个浮动比例是根据银行的市场行情来变化。一般我们在银行购买理财产品时被推销的一般都是非保本浮动的理财产品。比如这种理财产品会写着：起投资金是5万起，投资期限不固定，预期最高年化收益率是4%。这种非保本浮动的理财产品，有的时候收益比本金还低，有的时候还会亏本。因此，投资者要买非保本浮动类型理财产品的时候，这个收益和本金出现损失甚至亏本的风险必须由本人承担。

(2) 理性购买理财产品。就是说，投资者首先要根据自己的本金持有情况对投资风险承做一个评估，不能“打肿脸充胖子”。应该对每一种理财产品的收益特点和风险大小做一个仔细评估。对自己的财产、存款、想达到多少收益目标、对多少风险比例可以承受等方面进行计算和分析。

(3) 具体了解理财产品的赎回时间。很多理财产品是没有流动性的，必须等到购买的时间期限到期才能赎回，如果我们用于投资的资金有可能会作其他用途的时候，就不能选择这款理财产品，最好选一些可以提前赎回、灵活一点的理财产品。有的产品可以提前赎回，但要支付一定的费用给银行。有的产品有一个“保本条款”，只有到期了才能赎回，如果提前赎回，则会对本金有损失。

(4) 对几种理财产品的收益安全性等进行比较。比如，我们准备买一款理财产品，现在有两款理财产品可选择，第一款收益率为 6%，但风险较小；而第二款收益为 10%，但风险也较大。这个时候，我们就应该做一个“机会成本”的计算。比如，我们打算投资 20 万元，如果买第一款产品，我们的收益是 12000 元，但是我们就不得不放弃第二款产品的收益，放弃的收益是 20000 元。但是要购买第二种产品，那么就要承担更高的风险。因此，我们在选择理财产品的时候一定要冷静思考，多比较、多分析，才能在收益回报和风险比值两者做出一个明智的选择。

花样不断翻新的理财产品成为银行争取客户的一个重要手段。但是，有理财专家提醒，在当前股市持续震荡的背景下，投资者购买银行理财产品应关注以下几个问题。

(1) 认真阅读理财产品的介绍文字。我们常在银行听到理财师会说“收益率达到 5%，90 天超高收益 8%”等等各种诱惑，这个时候我们应保持冷静和清醒，千万不要被这些文字所诱惑了，我们要明白，这个所谓的预期收益率只是一个预估的数字，不是实际收益率。我们应该看理财协议上面表述的文字，那里面才是客观、规范的对双方的约定。因此，我们购买理财产品之前，一定要认真阅读“理财产品说明书”，读的时候对上面所标明的收益率自己，提前打个折扣，就基本上和现实收益率差不多了。

(2) 买多久由自己来综合权衡。银行的理财产品有的是三个月，还有一年期的，因此，我们对投资期限要有一个综合的权衡。

比如，当股市行情很好的时候，我们可以对期限延长一点。但如果股市出现变化，我们的理财产品有可能受到一些影响，亏本就是常事了，想等到它涨回来是不可能的事情，因此应选择一些短期的产品。有的理财产品在设计上有特点，如果行情好，等到一至两年的时间还有可能把亏的钱赚回来。

(3) 要关注资金的情况。我们想要知道理财产品的收益率到底是怎样的，就应了解银行把资金投到了哪些行业，这样可以有效地评估收益率是否可以实现。而有的股票类理财产品由一些投资公司来运作，他们的运作情况就决定了这款理财产品的风险性和收益率。因此，投资者也要关注投资公司的实力情况。

银行理财产品有哪些风险

不管是什么样的理财产品，都会有风险，只不过有的产品风险相对而言大一些，有的产品风险小一些。因此，对于投资者来说，一定要对每一种理财产品的情况和特点做一个全面、仔细、认真的了解和分析。

一般来说，收益高的理财产品风险会略高，反之，收益低一点的理财产品风险略低，当然，这些都是相对而言的，不管是银行理财师还是理财投资公司都没有人敢妄下结论。因此，每一份理财产品都有风险，我们想要在理财投资的领域寻求收益，那么就有必要了解一下银行理财产品有哪些风险。风险与收益相互依存，我们想要获得收益，就必须要冒一些风险。

银行的理财产品一般有哪几方面的风险呢?

(1) 信用风险。我们在购买银行理财产品之前，一定要对相关产品的银行、理财投资企业的相关资质、信用程度、经历、投资运营能力等方面做一个详细的了解和分析，它们的信用问题将直接决定了投资者的收益情况。

(2) 赎回风险。很多第一次购买银行理财产品的投资者会遇到这种风险。因为购买理财产品的协议上都有一个期限，这个期限跟普通的定期存款是不一样的，普通定期存款取出来了不起定期利率降为活期利率，可以随时取出，而银行理财产品是在期限以内不可以赎回来的。如果有的投资者在这个期限内，家中出现急需资金的时候就十分麻烦。因此，投资者在进行投资之前，一定要了解相关的理财产品的产品细节，对自己的资金要做好规划，最好是将自己的闲散资金来购买理财产品并预留出“救急储备金”。还有一种方式就是购买期限较短的理财产品，可以降低因赎回问题带来的风险。

(3) 理财产品本身市场的风险。理财产品的市场不是一成不变的，随着供求关系的变化，市场是会发生波动的，这些波动就将直接影响产品的收益。比如经济形势、国际形势、股票形势等方面都会导致金融市场变化多端，因此，投资者在购买理财产品之前要对金融市场的变化风险有一定了解。

只有当投资者对于理财产品的各类风险有一定了解之后，才能对各种产品做出风险评估，找到适合自己的风险低、收益稳定的好产品，从而获得投资收入。

而根据银行相关网站介绍，银行理财产品也有一些相对低风险的产品。比如基本无风险的理财产品：银行存款和国债，由于二者有银行信用和国家信用做保证，具有最低的风险水平，同时收益率也较低，投资人保持一定比例的银行存款的主要目的是为了保持适度的流动性，满足生活日常的需要和等待时机购买高收益的理财产品。

较低风险的理财产品主要是各种货币市场基金或偏债型基金，这类产品投资于同业拆借市场和债券市场，这两个市场本身就具有低风险和低收益率的特征，再加上由基金公司进行的专业化、分散性投资，使其风险进一步降低。

投资银行理财产品的误区

随着金融形势的大好，各大银行理财产品的发行数量呈稳步上升的良好势态，老百姓对于理财投资都呈现出热心甚至是痴迷的地步，他们对于理财产品的短时间内的高回报十分偏爱。

越来越多的上班族、中产阶级、老年人等人群开始有了理财投资的意识和需求，他们大多觉得钱存在银行收利息太“划不来了”“收益太低了”“存折和卡上的数字变化太慢了”，因此，银行理财产品成了他们的让钱动起来的首选，渐渐建立了一支超级“理财部队”，在每个月的周末和节假日汹涌地向银行冲去。

但是，随着理财投资者的迅速增加，产品到期后“收益跟当初说的不一样”“收益率根本没有购买前说的那么多”等等投诉频频出现。很多新加入理财大军的投资者以为理财投资是没有风险的，他们以为当初理财师说有6%的利率就一定有。

其实银行理财产品并非“保险库”，不一定每一次投资都是既保本又没风险又高收益的。因此，投资者需纠正一些关于理财产品的误区：

(1) 误区之一：理财只赚不赔。很多投资者以为理财跟定期存款一样是稳赚不赔的，这是一个很大的误区。银行理财产品分为两个类型：保证收益理财产品和非保证收益理财产品。

(2) 误区之二："预期收益率"就是到期后的真正收益。有的投资者会听到银行理财师的一些宣传语言，比如："这款理财产品真的很好，很多人都买了，你知道吗？预期最高收益可以达到8%呢，比你在银行存定期多几倍呀，赶紧下决定吧，今天是选购的最后一天，不要错过机会呀。"在投资者看来，"预期收益率"应该就是到期后他们拿到的真正收益，或者至少应该差不多。但投资者往往忽略了"预期"二字，他们在购买前只凭"收益高"这个字眼就冲动购买了，等产品到期，拿到手上的收益和当时听到的预期最高收益不一致，很多投资者可能会到银行闹事。所谓"预期收益率"，说得很清楚，是预期，最终得到的收益跟金融市场的波动等很多因素都有关系，因此，一定要纠正这个观点。

投资者需要知道，其实，"预期收益率"只不过是金融机构经过计算得出的理想状态下的收益，不同时间段的市场行情不一样，当初预期的收益有可能是有上下波动的，对于这个瞬息万变的金融市场来说，这是最正常不过的事情了。

因此，我们在购买银行理财产品的时候一定要关注两个方面，一个是"最高预期收益率"，另一个是"最低预期收益率"，这样心里有一个对比，有一个上下浮动的界限，到时产品到期后，不管收益高低，都是经过自己预算过的，这样就不会出现后悔的事情了。

理财投资是投资行为，也是市场行为，所以发生变化是很正常的，因为金融市场不是我们某一个人或某一群人所能控制的，我们只能掌握自己的购买行为。

我们购买产品之前一定要保持一份理性和冷静，不能盲目跟风，也不能冲动购买。我们始终要清楚一个道理：任何理财产品都是有风险的，收益越高，我们冒的风险也就越大。风险意识一定要强，我们如果害怕风险就不能购买这款理财产品。同时，想要买低风险的理财产品，注定到期后的收益会低很多。

在很多有经验的银行理财师眼中有一个规律：高收入者的风险承受能力强于低收入者，年轻人的风险承受能力强于年长者。

由此可见，不论是投资新人，还是投资老手，在于选购理购产品时应切记，谨慎比收益重要，购买之前一定要做一个综合对比，不应该仅仅盯着那些高收益的产品。尽量选择那些本金不变、收益稳定的产品，才是最明智的。毕竟，高风险不是每一个人都能承担得起的，有的人若是把身家财产全都拿来做理财，想“搏一搏”，到时亏本了，后果不堪设想。

第三节　在保险里做一个“淘金客”

保险在理财规划中的作用和重要性

保险是一种保障机制，是用来规划人生财务的一种工具，是市场经济条件下风险管理的基本手段，是金融体系和社会保障体系的重要组成部分。保险，是指投保人根据合同约定，向保险人支付保险费，保险人对于合同约定的可能发生的事故因其发生所造成的财产损失承担赔偿保险金责任，或者当被保险人死亡、伤残、疾病，或者达到合同约定的年龄、期限等条件时承担给付保险金责任的商业保险行为。

从经济角度看，保险是分摊意外事故损失的一种财务安排；从法律角度看，保险是一种合同行为，是一方同意补偿另一方损失的一种合同安排；从社会角度看，保险是社会经济保障制度的重要组成部分，是社会生产和社会生活“精巧的稳定器”；从风险管理角度看，保险是风险管理的一种方法。

那么保险的功能有哪些呢？

保险具有经济补偿、资金融通和社会管理功能。

其中，资金融通的功能是指，将形成的保险资金中的闲置的部分重新投入社会再生产过程中。保险人为了使保险经营稳定，必须保证保险资金的增值与保值，这就要求保险人对保险资金进行运用。保险资金的运用不仅有其必要性，而且也是可能的。一方面，由于保险保费收入与赔付支出之间存在时间差；另一方面，保险事故的发生不都是同时的，保险人收取的保险费不可能一次全部赔付出去，也就是保险人收取的保险费与赔付支出之间存在数量差。

保险的社会管理功能，是指对整个社会及其各个环节进行调节和控制的过程。目的在于正常发挥各系统、各部门、各环节的功能，从而实现社会关系和谐、整个社会良性运行和有效管理。保险的社会管理分为社会保障管理、社会风险管理、社会关系管理、社会信用管理四个方面。

保险的功能这么强大，那么保险有哪些重要性呢？

（1）保险可以降低意外造成的风险。买保险的优势是，当我们发生危险或意外的时候，如果买了人身保险或者财产保险，这时保险就起作用了。

⑵ 保险可以对投保人的损失给予补偿。因此，保险可以算我们的一个好朋友，当我们遭受“危险事故造成的损失”之后，如果我们买了保险，保险公司会根据保险合同规定的数额给予相应的经济补偿。当然，这个前提是事故损失是可以计算的。比如，我们购买了人身保险，发生了死亡或残疾事故，但个人本身不能计算价值，只能通过劳动力丧失后的收入来计算。

⑶ 保险可以让我们养老有保障。比如我们如果在年轻的时候购买了养老保险，当我们年老的时候就可以过无忧的生活了，每个月可以拿到收益。随着经济社会的发展越来越迅速，物价越来越高，住院费用也越来越贵，因此我们可以将养老问题提前考虑好，买一份养老保险让我们“老有所养”，靠保险金可以过一个精致的晚年生活。

⑷ 保险让我们看得起病。如果我们购买了医疗保险，保险可以让我们有了病不再发愁，不再看着病情恶化却没有钱去看病。医疗保险有一个“只保不包”的原则：医疗费并不能全额报销，它有严格的个人给付比例，有医保承担的封顶线和重大疾病支付比例，还有用药范围、检查支付范围等明确规定。对于很多普通老百姓来说，如果家庭成员有一个人得了重大疾病，面对高昂的治疗费用，基本上可以让一个家庭的家底掏光。因此，健康才是这个世界上最重要的事情，谁也不能保证不得病能够一直健康活到八九十岁。因此，购买像医疗保险可以让我们的家庭多一份保

障，为家庭安装一个“安全库”。

(5) 保险可以让我们的爱多点保障。人生无法预料，难免出现自然灾害等不可抗的事故，比如地震、暴风雪、中毒事件、火灾、水灾等等。我们不能预知，只能在我们还健康的时候购买一份意外保险，如果一旦出现不幸事故，保险可以让家庭成员得到保障。

(6) 保险可以让我们提前做好教育规划，做孩子的成长“保护神”。很多父母对于孩子的教育经费没有一个计划，认为“我每年都在挣钱，这些钱以后都是孩子的教育经费呀”。当然，这只是理想的说法，除了学费，还有比如入学赞助费、择校费、辅导费和兴趣班等很多不可预料的费用，很多父母都不知道这一笔费用到底是多少。如果出国留学，费用可能更高。因此，父母在小孩还小的时候就可以购买一份保险，不管自己以后的身体是否健康，收入是否稳定，有了保险，就可以让孩子的教育得到延续。

(7) 保险可以为我们的职业提供保障，让我们一心去工作。随着社会竞争的不断加剧，我们有可能出现失去工作的情况，如果购买了保险，失业保险可以让我们的生活得到一定保障。

(8) 为父母留一份安心。当今社会，各种危害层出不穷，比如像交通事故、职业病、食品中毒、工伤等情况都有可能造成年轻人的生命安全受到伤害。年轻人可以买一份意外保险尽一份孝心，如果出现一些不可预料的意外，保险可以帮助我们来完成赡养父母、老人的义务。

(9) 伤残保险。在危险性很大的工作中经常会出现一些意外伤残事件，购买意外保险很有必要。

(10) 保险也可以帮我们理财。很多上班族都是每个月拿多少工资花多少工资，很多人存不下钱，这样的生活很不靠谱。所以可以买一份保险，每个月存一些钱进去，等到一定年限以后，就可以获取收益了。

保险的主要品种

商业保险大致可分为财产保险、人身保险、责任保险、信用保险、津贴型保险、海上保险等。

大类别按照保险的保障范围分类，小类别按照保险的标的种类分类。

按照保险保障范围可分为人身保险、财产保险、责任保险、信用保证保险等。

①火灾保险，承保陆地上存放在一定地域范围内，基本上处于静止状态下的财产，比如机器、建筑物、各种原材料或产品、家庭生活用具等因火灾引起的损失。

②海上保险，实质上是一种运输保险，它是各类保险业务中

发展最早的一种保险，保险人对海上危险引起的保险标的的损失负赔偿责任。

③货物运输保险，是除了海上运输以外的货物运输保险，主要承保内陆、江河、沿海以及航空运输过程中货物所发生的损失。

④各种运输工具保险，主要承保各种运输工具在行驶和停放过程中所发生的损失。主要包括汽车保险、航空保险、船舶保险、铁路车辆保险。

⑤工程保险，承保各种工程期间一切意外损失和第三者人身伤害与财产损失。

⑥灾后利益损失保险，指保险人对财产遭受保险事故后可能引起的各种无形利益损失承担保险责任的保险。

⑦盗窃保险，承保财物因强盗抢劫或者窃贼偷窃等行为造成的损失。

⑧农业保险，主要承保各种农作物或经济作物和各类牲畜、家禽等因自然灾害或意外事故造成的损失。

⑨责任保险，是以被保险人的民事损害赔偿责任作为保险标的的保险。不论企业、团体、家庭或个人，在进行各项生产业务活动或在日常生活中，由于疏忽、过失等行为造成对他人的损害，根据法律或契约对受害人承担的经济赔偿责任，都可以在投保有关责任保险之后，由保险公司负责赔偿。

⑩公众责任保险，承保被保险人对其他人造成的人身伤亡或

财产损失应负的法律赔偿责任。

⑪雇主责任保险，承保雇主根据法律或者雇佣合同对雇员的人身伤亡应该承担的经济赔偿责任。

⑫产品责任保险，承保被保险人因制造或销售产品的缺陷导致消费者或使用人等遭受人身伤亡或者其他损失引起的赔偿责任。

⑬职业责任保险，承保医生、律师、会计师、设计师等自由职业者因工作中的过失而造成他人的人身伤亡和财产损失的赔偿责任。

⑭信用保险，是以订立合同的一方要求保险人承担合同的对方的信用风险为内容的保险。

⑮保证保险，是以义务人为被保证人按照合同规定要求保险人担保对权利人应履行义务的保险。

⑯定期死亡保险，是以被保险人保险期间死亡为给付条件的保险。

⑰终身死亡保险，是以被保险人终身死亡为给付条件的保险。

⑱两全保险，是以被保险人在保险期限内死亡或者保险期届满仍旧以生存为给付条件的保险，有储蓄的性质。

⑲年金保险，是以被保险人的生存为给付条件，保证被保险人在固定的期限内，按照一定的时间间隔领取款项的保险。

⑳财产保险，是以各种物质财产为保险标的的保险，保险人对物质财产或者物质财产利益的损失负赔偿责任。

㉑人身保险，是以人的身体或者生命作为保险标的的保险，保险人承担被保险人保险期间遭受到人身伤亡，或者保险期满被保险人伤亡或者生存时给付保险金的责任。人身保险除了包括人寿保险外，还有健康保险和人身意外伤害保险。

㉒疾病保险，又称健康保险，是保险人对被保险人因疾病而支出的医疗费用，或者因疾病而丧失劳动能力，按照保险单的约定给付保险金的保险。

㉓人寿保险，简称寿险，是一种以人的生死为保险对象的保险，是被保险人在保险责任期内生存或死亡，由保险人根据契约规定给付保险金的一种保险。

按照保险费用分，还有一类特殊的保险类别，即免费保险，也叫零险。免费保险是指一种保险公司或保险代理机构免费赠送给客户的保险产品。保险公司或者保险代理机构通过这种方式，使客户增加对保险公司或代理机构的认知。这是通过客户对保险产品的免费体验，获得客户信任的一种方式。

按照投资功能分类，还有以下几种保险：

①分红保险，就是指保险公司在每个会计年度结束后，将上一会计年度该类分红保险的可分配盈余，按一定的比例以现金红利或增值红利的方式，分配给客户的一种人寿保险。

②投资连结保险，就是保险公司将收进来的资本（保费）除了提供给客户保险额度以外，还会去做基金标的连结，让客户可

以享受投资获利。

③万能人寿保险（又称为万用人寿保险），指的是可以任意支付保险费以及任意调整死亡保险金给付金额的人寿保险。

④再保险，是以保险公司经营的风险为保险标的的保险。

选择保险公司和保险代理人是一门大学问

挑选保险公司很关键，比如一款寿险的购买就关系到以后得到的各种保障。因此我们购买之前应对各大保险公司的特点、服务、经历、保险业务等方面进行一个全面的、多角度的考察和了解，可以亲自上门到保险公司去看一看，也可以在电话里面进行一个详细的咨询和了解，最终一定要选择一家企业经营稳定、保险价格靠谱、售后服务优质的保险公司。

我们选择保险公司的第一要求应该是“信誉良好”，拥有良好信誉的保险公司才有可能给投保人以优质的服务，而服务质量可以将各种保险公司的品质拉开距离。

信誉良好的保险公司会将投保人的利益放在第一位，在事故发生后对于理赔的态度是十分积极的，“公平、公正、效率”是他们的代名词。

而信誉良好的保险公司的保险代理人也一般都拥有良好的职业道德和丰富的保险知识，同时这种公司还拥有专业的解答服务、完善的售后服务。他们会一切以投保人的角度看问题，为投保人提供更多的附加服务。

其次，我们应挑选实力强的保险公司。比如出现重大事故的时候，可能有大批量的投保人都将进行理赔，有实力的公司可以轻松地应对，为投保人提供理赔服务。而如果是刚成立的小保险公司或实力较差的公司则会在理赔的时候百般推诿。

然后，可以通过杂志、网络等方式了解保险公司的各种资质、实力、历史等情况。资金雄厚的保险公司，赔付能力和赔付速度也快。

还应了解保险公司的资本金、准备金及公司的资金使用情况，了解他们的总保险费收入、营业网络、保险单数目、员工人数和过去业务实绩等实际情况，看看该保险公司之前有无关于赔付纠纷的新闻报道。

再次，对于保险公司的产品种类需做一个全面的了解。只有购买优质的保险产品，才有可能获得真实的保障。优良的保险公司提供的保险产品应具备下列条件：第一是种类齐全，能按需要获得不同的保障；二是灵活性高，在保险期间，保险费交纳、赔款给付、优惠条款等方面，可提供最大便利；三是竞争力强，这主要体现在服务方面；四是能选择合适组合，更可按照要求量身设计独有的保险计划。

最后，可以向身边有过购买保险的亲朋好友打听一下他们选择的保险公司，特别是有购买保险多年经验的朋友，听他们说说保险公司的实力和售后服务怎么样，做一个选择的参考。

购买保险的时候千万不能急躁，也不能只了解一家保险公司，应该多看看、多比较、多询问，把几家保险公司的各种情况了解清楚后再做决定，保险公司的选择直接关系到我们几十年之后的收益和保障情况。

实力强、服务优、专业化、管理严格、售后服务好的保险公司是首选。同时，选择诚信服务、专业能力好的保险代理人也很重要。

根据保险公司网站介绍，保险代理人（也称业务员）是指根据保险人委托，向保险人收取代理手续费，并在保险人授权的范围内代为办理保险业务的个人。凡持有“资格证书”并申请从事个人代理业务者，必须与保险公司签订《保险代理合同书》，持有所代理保险公司核发的“展业证书”，并由所代理保险公司报经其所在地的中国人民银行分行备案后，方可从事保险代理业务。代理人的业务范围：代理推销保险产品和代理收取保险费。

保险代理人的挑选十分关键，他们对于保险业务的讲解，关系到我们自己的权益和以后的服务质量。报纸上经常出现各种关于保险人和保险公司的纠纷，大多是由于代理人的说法不真实或没有讲明白造成的。

因此，我们在挑选保险代理人的时候，可以提前向保险公司问一下代理人的一些特点和过往经历，在与代理人签订一切关于保险方面的正式合同及其他文件之前，一律致电保险公司官方电话咨询。

想要选择一个优秀的代理人也是一门学问，选择好了，可以得到优质高效的保险服务，还能减少各种保险纠纷。

当我们遇到一个十分专业的保险代理人时，一定不可能听到他说其他保险公司的坏话，就算我们让他们评论一下当前大型的几家保险公司的特点和优缺点的时候，他们也只会强调自己保险公司的情况。一个有着职业道德的保险代理人也不会向我们提出保险打折或返还佣金的。若代理人向我们提出返佣，那么以后的售后服务的质量将可能降低。

那么，如何挑选一个优秀的保险代理人呢?

（1）一名优秀的保险代理人一定对于保险利益和条款烂熟于心。当我们急于买一份保险的时候，优秀的保险代理人会认真听取我们对于保险的各种要求和想法，还会询问我们的经济情况，最后才帮我们做一个保险计划。因为大多数第一次购买保险的客户基本上都不知道买什么保险好，有时不知道如何表达，甚至会表达错误。因此，有的保险代理人为了尽快“成单”，直接迎合客户的意思随意为客户做一个计划。而优秀的保险代理人则会反复询问客户的想法，当客户不能表达出自己的想法时，他们也会一切为客户的利益着想，最后做一份适合客户的保险方案。

比如，养老保险有时会用到复杂的数学模型、年金模型、小型的财务分析系统，优秀的保险代理人会熟练地为客户呈现准确的数据，让客户对于保险的收益看得十分清楚。

优秀的保险代理人会将《保险合同》里面的关于客户的各种利益和复杂条款都讲得十分详细，并且通俗易懂，比如他们会讲清楚保险责任，还会介绍责任免除、保单的观察期、犹豫期、宽限期、现金价值、减额缴清、保单贷款、自动垫缴保费、分红的不确定性等专业名词，让客户在后期的售后服务和获得利益的时候十分清楚。

(2) 要看保险代理人的各种证件。一般大型的保险公司会选聘保险理财规划师，会在招聘保险代理人的时候考察其是否有相关资质证书，比如像保险代理人资格证书和保险代理人展业证书等。我们还要查看保险代理人名片上是否有相关资质证书编号，如果没有，应及时向保险公司电话核实。当然《保险代理人资格证书》《保险代理人展业证书》这两种证书是进入保险行业的基本条件，如果我们还想寻找更专业的保险人才，可以寻找拥有国家理财规划师（CHFP）、特许金融分析师（CFA）等相关资质的代理人。

有的保险代理人会在名牌上印上一些“★★ 协会会员、金牌代理人”等各种复杂的头衔，这些都只是公司内部的，不足以证明什么，如果他们的名片上印有一些国际上的大奖才更有“含金量”，比如IQA国际寿险品质管理奖是按代理人的“续保率”来计算的。

（3）应选择保险公司的官方网站查询所有业务。有的客户是第一次购买保险，上网一搜某家保险公司，却发现挂着该保险公司名义的网站有十几家。其实，这些网站都属于保险代理人自建的个人展业网。我们在买保险的时候一定要查找保险公司的官方网站，如果进入代理人的展业网询问问题，那么得到的答案与官方网站可能不一致，这样就有可能影响我们自己的利益。

（4）一个专业的保险代理人很重要。当我们购买保险之后，可能没有更多的时间去关注保单的后期情况，这时一位优秀的保险代理人会在恰当的时间点为我们提供服务，比如我们需要理赔的时候，他们的专业化运作才不会让我们的经济受到损失。

（5）优秀的保险代理人的人脉有时候可以帮到我们。代理人一般都认识各个行业的精英人士，比如医生、律师、教师等，当我们在其他领域遇到困难时，他们也可以帮我们出谋划策，或者用人脉帮我们排忧解难。

（6）挑选代理人的时候，尽可能选择一些仪态大方、谈吐自如、外表整洁、精神饱满、激情四射的代理人，这样的代理人将会投入更多的工作热情来为我们服务。

第四节　火眼金睛挑一只优质基金

基金的类型和投资策略

从广义上说，基金是指为了某种目的而设立的具有一定数量的资金。主要包括信托投资基金、公积金、保险基金、退休基金以及各种基金会的基金。而人们平常所说的基金主要是指证券投资基金。

1. 根据不同标准，可以将证券投资基金划分为不同的种类。

（1）根据基金单位是否可增加或赎回，可分为开放式基金和封闭式基金。开放式基金不上市交易，通过银行、券商、基金公司申购和赎回，基金规模不固定；封闭式基金有固定的存续期，一般在证券交易场所上市交易，投资者通过二级市场买卖基金单位。

(2) 根据组织形态的不同，可分为公司型基金和契约型基金。该类基金通过发行基金股份成立投资基金公司的形式设立，通常称为公司型基金；由基金管理人、基金托管人和投资人三方通过基金契约设立，通常称为契约型基金。我国的证券投资基金均为契约型基金。

(3) 根据投资风险与收益的不同，可分为成长型、收入型和平衡型基金。

(4) 根据投资对象的不同，可分为股票基金、债券基金、货币市场基金、期货基金等。

2. 基金投资的策略。

(1) 基金购买技巧。第一，先观后市再操作。基金投资的收益来自未来，比如要赎回股票型基金，就可先看一下股票市场未来发展是“牛市”还是“熊市”，再决定是否赎回，在时机上做一个选择。如果是“牛市”，那就可以再持有一段时间，使收益最大化；如果是“熊市”就提前赎回，落袋为安。第二，转换成其他产品。把高风险的基金产品转换成低风险的基金产品也是一种赎回，比如把股票型基金转换成货币基金。这样做可以降低成本，转换费一般低于赎回费，而货币基金风险低，相当于现金，收益又比活期利息高。因此，转换也是一种赎回的思路。第三，定期定额赎回。与定期投资一样，定期定额赎回可以做日常的现金管理，又可以平抑市场的波动。定期定额赎回是配合定期定额投资的一种赎回方法。

（2）固定比例投资策略。将一笔资金按固定的比例分散投资于不同种类的基金上。当某类基金因净值变动而使投资比例发生变化时，就卖出或买进这种基金，从而保证投资能够维持原有的固定比例。这样不仅可以分散投资成本，抵御投资风险，还能见好就收，不至于因某只基金形势欠佳或过度奢望价格会进一步上升而使到手的收益成为泡影，或使投资额大幅度上升。

（3）适时进出投资策略。投资者完全依据市场行情的变化来买卖基金。通常，采用这种方法的投资人大多是具有一定投资经验的人，对市场行情变化较有把握，且投资的风险承担能力也较高。毕竟要准确地预测股市每一波的高低点并不容易，就算已经掌握了市场趋势，也要耐得住短期市场可能会有的起伏。

（4）顺势操作投资策略。又称更换操作策略，这种策略是基于以下假定之上的：每种基金的价格都有升有降，并随市场状况而变化。投资者在市场上应顺势追逐强势基金，抛掉业绩表现不佳的弱势基金。这种策略在多头市场上比较管用，在空头市场上不一定行得通。

（5）定期定额购入策略。就是不论行情如何，每月（或定期）投资固定的金额于固定的基金上。当市场上涨，基金的净值高，买到的单位数较少；当市场下跌，基金的净值低，买到的单位数较多。如此长期下来，所购买基金单位的平均成本将较平均市价低，即所谓的平均成本法。平均成本法的功能之所以能够发挥，主要是因为当股市下跌时，投资人亦被动地去投资购买了较多的单位数。只要投资者相信股市长期的表现应该是上升趋势，在股市低档时买进的低成本股票，一定会带来丰厚的利益。

如何挑选优质基金

对于我们普通的投资者来说，如何才能拥有一双“火眼金睛”呢？我们怎么才能挑选一只“黑马基金”呢？

(1) 了解基金的风险。开放式基金按投资对象分为股票型基金、债券型基金、混合型基金、货币市场基金。而这几种里面，风险最高的是股票型基金，风险最小的是货币型基金。想要有高收益的投资者，可以选择股票基金，但这样的基金只适合于收入高、喜欢冒险的中青年投资者；如果想风险小点，可以选择保本基金、货币基金。

(2) 核算自己的资产情况。根据自己的资产情况来确定购买基金的投资期限，以免因频繁申购、赎回造成手续费等损失。

(3) 挑一家优质的基金公司。我们需要考察哪些方面呢？理财师的经验是：公司股权结构是否稳定？公司内部管理及风控制度是否完善？基金业绩表现是否有持续性？考察公司实力，必须长时间看团队管理整体基金业绩。基金管理公司的投资风格、基金经理人的能力、素质和稳定性、基金经理的投资风格和运作能力等方面。

(4) 买入的时机。我们要选择一个适合的时机购买基金，如果行情不好，则会出现“套牢”的情况。

(5) 可以选择“新老结合”组合投资。股市上升时，可以购买少量新基金；股市下行时，可以购买业绩优秀的老基金。这样可以让风险分散，让收益变大。

(6) 可以用一种“卫星策略”。比如，在找几只绩优基金的核心组合外，可以找几只小公司的好基金，有可能会带来好的收获。

(7) 要学会看基金会大势，凭感觉也是一个方法，一定要分批建仓。我们要多了解基金的大形势，对各类基金的情况进行分析；对一些基金的指标做一些分析，凭经验和感觉有时也可以挑到好的基金；最好是分批建仓，不宜一次满仓。

(8) 可以投资多类基金，先不要太集中。用一种稳健保守型的方式，持有多只基金，可以分散风险，得到稳定的收益。我们要对基金市场有一个基本的把握，比如牛熊市的界限在哪里。最好的方式是牛市持基、熊市空仓。

(9) 明星基金不一定靠谱，不用看基金评级。最好不要听基金经理和朋友的推荐，可以自己做一些分析，少数基金长期持有，大多数基金可以分散持有，这样遇到变化可以迅速清理。

第二章

投资理财的大学问

第一节　将投资理财的观念植入大脑

著名作家张爱玲有一句名言："出名要趁早。"这句话用在投资理财方面也成立："理财一定要趁早。"

如果我们学会理财，我们的财富就会增加；如果我们没有购买理财产品，储蓄也是风险最低、最安全的一种理财方式。

随着社会的迅速发展，我们总是面临着各种变化，花钱的地方越来越多，我们想买房结婚，结婚后又想买车，小孩长大又面临着教育经费，为了升职我们又想出国深造，平时生病住院也需要花钱，赡养父母也要花钱……因此，理财规划对于我们来说太重要了，投资理财能让我们的钱动起来，最好的理财方式是早日规划，这样等我们需要用钱的时候才不慌不忙。

很多人会觉得"等我赚足了钱再开始理财吧，现在存款也不多，没有必要理财吧"。拥有这种思想的一般都是职场人士，他们习惯于有多少花多少，这就成为他们不想理财的借口。

当然，不同的人在人生的每个阶段可能都有不理财的理由。

他们在二十几岁的时候说收入太低；他们到了中年的时候，说家庭支出太大没有精力理财……

可见，拥有一个投资理财的观念才是最重要的。

对于理财者而言，应该对于人生的每个阶段都做好理财规划，比如，年轻的时候应该是积累资产的阶段；等到30岁后，资产有了初步规模，这时就可能拿出一部分钱做投资理财了，这个时候属于资产增值的阶段，我们要想用多种投资理财的方式让资产翻滚起来。

对于职场工薪人员来说，钱不多其实也可以理财。一万元有一万元的理财方式，一千元同样有一千元的理财方式，重要的是开始行动起来。比如，我们每个月可以拿出一千元出来做一个基金定投，如果一千元太多，可以拿出五百元，随着收入越来越高，金额可以往上加，时间是财富的好帮手，十年之后，二十年之后，理财的明显收益才可能看到，这就是“滚雪球”的理论。

对于有小孩的家庭，教育基金很重要。从幼儿园到大学怎么也得几十万，如果出国则需要更多。

因此，当孩子出生之后就要开始规划了。比如，当孩子一出生时开始每个月存1665元，如果理财产品的回报率为10%，则18年就可以存够100万元。如果从孩子10岁开始规划，则每个月需存6840元。可见尽早投资理财是很有必要的。

理财应该不论身份、收入，应该是观念的转变，只有早日实施，才能在需要用钱的时候不慌不忙。

台湾首富王永庆在采访时说过一句话：“赚一元钱不是一元钱，存下一元钱才是一元钱。”存钱也是一种理财方式。

储蓄是最简单易行的理财方式。比如，我们把每个月工资的10%存定期，除非出现特别紧急的情况否则不取出来，让理财成为一种习惯。每个月存 500 元不算多，但是如果按照零存整取的利率来算的话，20 年就有 12 万本金了。这就是积少成多的储蓄力量。

可见，平时从储蓄的方式开始学会理财，只有理财才会让钱发挥“小宇宙”，不要找任何借口，存下的钱才是真实的。

因为大多数人会有一种想法：理财风险那么大，要是赔了怎么办？当然，理财本身就是一种投资，是投资就会有风险，但它有风险的同时伴随着收益，我们只有用智慧去控制和降低风险，才能拿到高收益，投资理财就会帮我们积累财富。

巴菲特说过：“一生能积累多少财富，不取决于你能够赚多少钱，而取决于你如何投资理财。”

上班拿工资属于资本积累，而投资理财属于资本运作，只有让钱在金融市场上流动起来，才能积累更多的财富。例如“投资天王”巴菲特一辈子都在做投资，财富高达 440 亿美元。

这样看来，上班拿工资所创造的财富极其有限，而投资理财则可以有更大的资本运作的空间，可以让财富成倍地增长。因此，要想进行财富的积累，投资理财是第一选择。

李嘉诚说过："30岁以前人要靠体力、智力赚钱，30岁之后要投资靠钱赚钱。20岁以前，所有的钱都是靠双手换来的，20至30岁之间是努力赚钱和存钱的时候，30岁以后，投资理财的重要性逐渐提高。"

那么，投资理财有哪些方法呢？

可以寻找一家优质的理财平台：

①核查投资理财公司的真实情况。刚成立不久、资金不足的公司是不能选择的，风险太大。而那些实力强、产业多的投资理财公司是可以信任的理财平台。比如，可以选择那些注册资金雄厚的，曾为客户创造收益较多的平台。

②看投资理财公司对于风险的控制能力。一家优秀的理财平台会配有专业的风险控制小组，对每一个投资项目都进行严苛的核查，让投资者的风险降到最低。

③看投资理财公司如何控制资金安全性。比如有的投资理财公司有"五重保障"：项目公开透明、资金第三方存管、核心企业担保、保险公司承保、质押物快捷变现，最大化地保证投资者利益。

④核查投资理财公司的未来趋势。比如，看公司未来的发展情况、有哪些竞争优势、有没有线上和线下结合的模式、有没有在全国内遍布加盟店等方面。让每一位投资理财的客户都有一个

便利的渠道。

在理财界有一句名言："投资理财可以致富。"看到那些通过投资理财进行资产规划的人，我们应该以其为奋斗目标，以其为楷模。因此，从现在开始进行投资理财，认真学习投资理财知识，逐步掌握各种理财途径，用投资理财的方式让我们的资产翻滚起来。

投资理财对于财富的积累很重要，我们再会挣钱，也比不上会理财。会挣钱只会让钱停留在一个数字上，而理财则可以让钱的数字不断上升。因此，我们要具备理财的观念。

理财可以从最少的钱开始，每个月存一百元，到以后每个月存一千元，等我们资金积累到一个阶段，也许就可以一个月存一万元。投资理财不是短期就可以完成的，需要长期坚持才能达到财富目标。

很多人经常会想："我月入上万，每个月都在挣钱，没有必要费心思去理财了吧?"这个想法是不对的，收入上万确实可以过着精致的生活，可以在买车、买房、结婚等这些大事上不用太操心。但这样就可以一劳永逸了吗?

当然，会挣钱和会理财应该是结合起来的，如果光会挣钱不理财，钱就会越花越多，最后财富积累基本为零。而如果进行理财的话，可以让财富进行增值，可以过更优质的生活。

还有一部分人，总觉得自己挣的钱很多，可是当几个朋友在一起讨论各自的存款时，却总发现自己的钱不记得花到哪些地方去了。

由此可见，会理财比会挣钱要重要得多。比如，一个人很会挣钱，但从来不理财，每个月挣两万元，花一万九千元，钱成了为别人而挣的，到各个商家的店里去了，钱很快就不属于他们自己了。这样一来，一年也剩不下什么钱。但是如果会理财，即使每个月挣五千，也可能存下两千元。一年下来也能积累二万四千元。

当然，如果我们对于生活并没有太高的要求，也可以不理财，挣多少花多少。但如果突然有一天得了重病，或要购买某件大件商品时，就会明白理财有多么重要了。

如果我们立志创立一家企业，那么理财就更加重要了。只有进行各种理财投资，才会让企业的经营风险降低。有效的理财和投资可以让企业对抗更激烈的市场竞争。

开公司、投资黄金、购买理财产品等多样化的理财投资行业可以让我们的财富积累得更快。

比如我们购买多只股票进行分散投资，可以让风险降到最低。

投资房地产也是一项很好的理财投资方式，因为房产物业风险较小，增值空间大。最好的方式是选择商业贷款购买一处地段优越的房产物业，用工资来还贷款，可以让我们平时乱花的钱都成为资产的一部分。几年以后，房产物业带来的增值可以迅速让我们的资产增值，甚至在十年之后出现翻倍。

为了能够有效地进行财富积累，一定要掌握科学的理财投资方式，不能再过那些挣钱就花掉的错误生活方式了。

只有合理地进行理财和投资，才能让财富实现迅速的增长。

作为职场人士的我们，总是在忙，忙着销售业绩，忙着技术攻关，似乎总是到了年底才发现，收入没有增多，存款的数字也是每年都变化不大，这是因为我们对于财富毫无目标造成的，对自己的财富没有规划，不对财富进行理财和投资将让我们的生活变得一团糟，永远在贫困线上下浮动。

可见，我们一定要改变自己的理财观念，在这个金融市场变化多端的时代，创新理财可以让财富变得越来越多。

财富是我们享受生活、享受人生的基本条件，我们可以过更好的娱乐生活，可以让子女享受更好的教育，可以让旅游缓解我们紧张的心情，可以让我们享受更完善的医疗服务，等等。

因此，早日进行理财和投资可以让我们的财富积累得更快，懂得投资和理财可以让我们更快地实现人生理想。

学习科学的理财技巧，可以让我们的资产进行增值，可以让我们拥有一个精致的人生。

理财并不是一朝一夕的事，必须一生都为之努力。

只有合理地在人生的每一个阶段都进行理财规划，才能打赢一场理财“长期战役”。

从经济独立那一天开始，我们就要进行一个详细的理财规划。而且，在我们人生的各个时间点，都应该有不同的理财规划。

我们必须让理财在我们这一辈子里贯穿始终，要想过上富足的、精致的生活，就必须做一个一生理财计划。

例如，我们在各个时间点的理财策略点应该是不一样的：

①单身期间。我们在这个时间段的理财核心是：在工作上努力拼搏，为将来的家庭积累第一笔家庭基金。在这期间可以将存款进行一些回报率较高的投资，例如股票和基金。另外一部分钱用于活期存款，以备生活之需。第三部分钱购买一份人寿保险，为人生保驾护航。

此期间的理财策略是：节约钱财、资产积累、购买住房。

②初婚阶段。我们在这个时间段的理财核心是：这期间两个人的收入会发生变化，虽然积累变多，但是随着家庭生活的需求，家庭建设方面会花钱较多，比如在增加家具、家电等大件上面，偿还银行贷款等方面。此时，除了家庭建设支出外，可以投资一些股票型、成长型的基金或高收益的股票，可以获取高收益。另外一部分可以做保险和定期存款。

此期间的理财策略是：住房还贷、家庭建设投资、股票基金理财。

③子女教育阶段。我们在这个时间段的理财核心是：小孩的教育经费大大增加，因此，在此期间如果我们积累了一定的财富的话，就不会有太大压力。可以进行适量的股票和基金等理财方式的投资。如在此期间财富积累不足的家庭，孩子的教育经费还

是理财的重心，让孩子顺利上学。在此期间，可将家庭的积蓄分为两部分，一部分用来购买股票和基金，一部分用于定期存款或国债、子女教育。另外小部分可以用来购买保险和活期存款。

此期间的理财策略是：子女教育基金、资产增值、股票基金理财。

④子女毕业期间。我们在这个时间段的理财核心是：这个时间段子女都可以自己照顾自己了，我们可以进行投资房产。在此期间的理财方式可分为投资房产、投资外汇或期货、定期存款或债券、活期存款和保险等四个方面。

⑤家庭成熟期间。这个时候，工作能力、经济收入都达到巅峰，子女也已工作稳定或结婚，最适合进行财富投资，而且应扩大力度。最重要的是购买一份养老保险和重大疾病保险。投资策略为：一半的资金购买股票和基金，四成的资金购买债券和定期储蓄，一成的资金进行活期存款。

⑥退休期间。这个时候应在保证身体健康的基础上减少新的风险投资。一成资金用于投资股票和基金，五成的资金用于定期储蓄，四成的资金用于活期存款。

第二节 投资理财的基本金融常识和专业术语

我们进行投资理财之前，对于相关的基本金融常识和专业术语必须有一定的了解，只有这样才能对金融市场进行有效的分析，敏锐地抓住投资机会。

常用的专业投资术语如下：

预期收益率：是指期望的收益率，就是银行在发行理财产品的初期，对产品最终收益率的一个估值，并不代表银行理财产品到期时的实际收益率。预期收益率，不能说明投资风险有多高，需要投资者进行多方面的考察，如产品的投资标的，一般涉及股票、期货、外汇等方面，投资风险较高。

年收益率：是指进行一笔投资，一年的实际收益率，而年化收益率与年收益率不同，它是变动的，年化收益率是把当前收益率（日收益率、周收益率、月收益率）换算成年收益率来计算的。

潜在收益率：是指有可能达到的最高收益率。这种术语在金融衍生品中比较常见，比如银行结构性理财产品，这类产品风险高、收益高，潜在收益率也有可能很高。

募集期：是指投资者可以购买产品的时间阶段。银行理财产品的募集期长短不一。产品的募集期内，投资者的资金是不计息的。因此，投资者在选购理财产品时，要避免募集期带来的收益折损，募集期越短越好。

到期日：不等于到账日，投资者要弄清楚，到期日只是说产品的投资截止日，但产品到期后的资金到账日大概还需 2~7 个工作日。

清算期：就是银行理财专业术语说的“T+N”，T 指的是产品到期日，N 指天数，即产品到期后，投资者的本金和收益并不能立即到账，而是进入一个产品清算期。在清算期内，这部分资金是“零收益”，而且 N 越大，投资者的损失就越大。

牛市：指投资对象价格普遍处于上涨的市场，又称多头市场。

熊市：指投资对象价格普遍处于下跌的市场，又称空头市场。

对冲：又称对销、平仓，指通过卖出（买进）相同的投资对象来了结先前买进（卖出）的交易行为。

买空：又称多头，指不是为了对冲而进行的对某一投资对象的买入活动。

卖空：又称空头，指不是为了对冲而进行的对某一投资对象的卖出活动。

升水：在证券交易中，是指市场价格高于票面价格或合同价格的部分；在外汇交易中，是指远期汇率较即期汇率高出的部分。升水又称溢价。

贴水：在证券交易中，贴水是指优先股或债券低于票面价格销售的金额；在外汇交易中，贴水指的是外汇的远期汇率低于其即期汇率的差额。

蓝筹：企业在经营方面有良好的表现，盈利能力强，按期派息。这样的企业发行的股票称为蓝筹。保守的投资者通常喜欢投资蓝筹。

基差：指的是某一特定地点的某一商品的现货价格与同种商品的期货价格之差。在谈到基差时，如果不列明其他因素，即假定它是现货价格与离交割期最近的期货月份合约价格之差。

斩仓：当期货交寡者买卖期货亏损至保证金不足时，而又不及时补足保证金，经纪公司将该宗买卖代为平仓，以使经纪公司少受损失。

反弹：指一种投资对象价格在较长时间下跌之后的回升。

抢帽子者：指仅做当日交易，以利用一天之内投资对象价格波动所形成的价差获利为目的的交易者。

天价：表明价格已达到最高极限，无法再上升。

下行行市：市场上的现行成交价低于前一次交易。

平市：成交价两次以上保持在同一水平的市场。

做多：预计行情会上涨，看涨，做涨的单子（买涨）。

做空：预计行情会下跌，看跌，做跌的单子（买跌）。

锁单：在已有的单子中做一个相反方向的单子，比如已经有个 100 kg 的多单，如果在下一个 100 kg 的空单即称为锁单（锁单不论行情涨跌，都是不赚不亏）。

建仓：做多、做空都是统称建仓，意思就是买单子（不论多单还是空单）。

平仓：将自己建仓的单子交割掉。

爆仓：账户资金不足以承受亏损，一般爆仓率为保证金的 50%，意思即为若账号资金只剩保证金的一半时则系统强制平仓。

趋势：市场价格在一段时间内朝同一方向运动，即为趋势。

压力点（压力线）：价格在涨升过程中，碰到某一高点（或线）后停止涨升或回落，此点（或线）称为压力点（或线）。

支撑点（支撑线）：价格在下跌过程中，碰到某一低点（或线）后停止下跌或回升，此点（或线）称为支撑点（或线）。

保证金交易模式：保证金交易是指在黄金白银买卖业务中，市场参与者不需对所交易的黄金白银进行全额资金划拨，只需按照黄金白银交易总额支付一定比例的价款，作为黄金白银实物交收时的履约保证。

浮动盈亏：盈亏是指由于价格变动导致资金的变化，分为持仓盈亏（又分浮动盈亏和结算盈亏）和平仓盈亏。浮动盈亏是指盘中由于最新价上下变动而引起的持仓盈亏，它不是实际的盈利或亏损。

盘位开盘价：当天的第一笔交易成交价格。

收盘价：当天的最后一笔交易成交价格。

最高盘价：当天的最高成交价格。

最低盘价：当天的最低成交价格。

止盈：是商品价格达到预期水平之后进行获利了结。如果价格达到设定的价位，将执行止赢单，使原有建仓自动平仓。

止损：用于在商品价格向无盈利方向运行时，使亏损在一定值范围内，如果价格达到设定的价位，将执行止损单，使原有建仓自动平仓，这样可以防止亏损，也不用担心平台不稳定时出不了单。

第三节 投资理财必须了解的风险常识和投资陷阱

投资理财风险是指证券市场中使投资者蒙受损失的风险。归纳起来不外两大类：一类是外部客观因素所带来的风险；另一类是由投资者本人的主观因素所造成的风险。

那么，外部客观因素有哪些风险呢？

(1) 利率风险：这是指利率变动，出现货币供给量变化，从而导致证券需求变化，再而导致证券价格变动的一种风险。比如，现在国家对银行利率进行了下调，很多投资者会觉得把钱存在银行不划算，于是就一窝蜂地全部去买证券，这样一来买证券的人多了，证券价格就涨了。如果遇到利率上调，很多投资者就愿意把钱存在银行，买证券的人就变少了，价格就跌下来了。在外国，利率的上调和下降常常引起很大的股价利率风险。

(2) 物价风险，也称通货膨胀风险，指的是物价变动影响证券价格变动的一种风险。这里有两种情况：一种是一些重要物品（如电、煤、油等）价格的变动，从而影响大部分产品的成本和收益；另一种是物价指数的变动。比如，物价上涨的时候，会使企业资产增值，股价就上涨。

（3）市场风险，是指证券市场本身因各种因素的影响而引起证券价格变动的风险。证券市场瞬息万变，直接影响供求关系，包括政治局势动荡、货币供应紧缩、政府干预金融市场，投资大众心理波动以及大投机者兴风作浪等，都可以使证券市场掀起轩然大波。

（4）企业风险，是指上市企业因为行业竞争、市场需求、原材料供给、成本费用的变化以及管理等因素影响企业业绩所造成的风险。企业风险一般有两种情况。营业风险，这里有市场上某种产品饱和滞销的因素，也有政府产业政策的影响，使某一行业或产业受到限制。例如为防治污染，有污染性的企业或因此关门，或者迁移，或者必须花极大费用去整治污染，从而造成企业利润大大下降甚至亏损。财务风险，指的是企业财务状况不良，包括财务管理不当、规划不善、扩充过失等，从而造成不应有的营业损失和资本损失。一个企业若发生营业性风险尚可调整方向，若遇财务风险，有时在其会计报告中会用不属实的财务数据来欺瞒股东、误导投资人，当财务报告中突然出现大额营业外收入或非常利益所得，看起来公司获利大为增加时，需特别引起注意，这很可能是一种假象，投资者一定要谨慎对待。

和外部客观因素相对应的，是个人主观因素造成的风险。那么，个人主观因素造成的理财风险有哪些呢？业内人士把它们归纳为：盲目跟风、不必要的恐慌、贪得无厌、像赌徒一样迷恋股市、错误估计形势、错过买卖时机等。

根据银行高级理财师介绍，他们见过很多个人主观原因造成的风险，比如盲目跟风常常与不必要的恐慌联系在一起，成为大投机者操纵股市的牺牲品。一些大投机者往往利用市场心理，把股市炒热，把股价抬高，使一般投资者以为有利可图，紧追上去。在你追我涨之间一直把股价逼上顶峰；这时投机者又把价位急剧拉下，一般投资者不明就里，在恐惧心理下，又只好盲目跟进，竞相抛售，从而使股价跌得更惨。这种因盲目跟风而助长起来的大起大落常常让投资者跌得晕头转向，投机者则从中大获其利。贪得无厌则跟赌博心理联系在一起。这种人在股市中获利后，多半会被胜利冲昏头脑，像赌徒一样频频加注，直到输个精光为止。反过来，假如在股市中失利，他们常不惜背水一战，把资金全部投在股票上，孤注一掷。毫无疑问，这种人多半会落得倾家荡产的下场。

除了以上投资风险，投资陷阱也一定要严防。

李先生收到一家金融投资公司的某五星级酒店“客户答谢暨理财推介会”邀请函，声称“年化收益率12%”。

该推介会主办单位为该某财富管理公司，同时宣传资料上又写着其他知名银行、基金公司、保险公司等金融机构，让李先生感觉此次推介会很正规。

根据推介会的桌数计算，参会人员约有五百人，分别是银行人员、保险公司人员、购买过理财产品的客户。

推介会开始后，主持人表示该公司近期推出了一款收益高、回报快的理财产品。宣传单上所列的各大金融机构都是其公司的合作单位，该产品的年化收益率高达12%。

相关业内人士提醒，投资者对于这类理财推介会一定要谨慎，千万不要被12%收益率的字眼所蒙蔽。

在我们投资理财的过程中，可能经常会遇到一些高收益的投资陷阱，我们一定要练就一双火眼金睛，认真辨识。

陷阱1：产品收益高、获利快。我们遇到的所有基金管理公司，都会声称自己的理财产品有着高收益、获利快的大优势。比如上述例子中的投资理财公司承诺的年化收益率为12%，这样的收益真的可以拿到手吗？

一位从事多年投资理财的业内人士称：这些第三方理财公司的成本支出中，需要支付给基层业务员3%至4%的佣金，再支付上一层组织销售人员1%的管理利益，同时办公、运营支持的最低成本也需要6%。如果要兑现12%的年化投资收益率，那么这家公司仅这一产品的投资年化收益率就必须高于22%才有正常运转的可能。放眼投资市场，要找到年化收益率高于22%的项目并不容易，其中风险也不言而喻。

陷阱2：和各大金融机构都是合作关系。一位从事多年投资理财的业内人士称：为了吸引投资者，一些第三方理财公司重金挖角银行、基金公司或保险公司的销售人员。待他们离职后，利用其手中的客户关系，继续以银行或保险公司的名义吸引客户，举办产品推介销售说明会，并在网站或宣传材料上把这些金融机构都列为合作单位，借机推销自己的产品。这一做法无疑是一种侵权和违法行为，投资者一定要通过官方渠道到相关银行、保险公司等金融机构求证，不要被合作单位的光环所误导。一旦发生风险，这些合作单位从法律上来说不负有任何赔偿或给付责任。

陷阱3：不要被其“高大上”的外表所迷惑。很多投资理财公司都会将公司和门面放在繁华地段，一般都会选择在酒店举办推介会、答谢会等形式来吸引投资者参加。投资者千万不能仅看这些表象的东西，最重要的是对相关公司的资质和实力进行核实。

投资者在进行投资和理财的时候，一定要选择正规的银行和合作单位，认真分析金融市场的投资收益行情，以安全投资为第一原则，对于不清晰的投资陷阱一定要尽量绕开，以免上当受骗。

理财实战篇

第三章

资产增值：家庭理财的大学问

第一节　管好家庭小金库，家庭理财有原则

有这样一个关于杯子的故事。固执的人、马大哈、懒惰者和机灵鬼四个人在沙漠中迷路了，他们已经没有水了。这时上帝给了他们四个普通的杯子，并带来了一场雨。其中有一个杯子底破了，有两个杯子里面装了半杯脏水，只有一个杯子可以直接装水。

固执的人拿到的是那个直接可以装水的杯子，但他认为喝了水也出不了沙漠，因此没有接水。

马大哈因为太大意，拿到的是没有底的杯子，雨水都漏了。

懒惰者则懒得将脏水倒掉，雨水混在脏水里他就直接喝下，结果得了急症。

机灵鬼将脏水倒了后接了一杯干净的水，成功离开了沙漠。

理财的人中也有“固执的人”“马大哈”“懒惰者”和“机灵鬼”：有的“固执人”只知道定期存款，不灵活理财，因此收益很少。有的“马大哈”只知道挣钱，不懂得理财，让财富都缩水

了，有的则会因盲目炒股而倾家荡产。有的“懒惰者”对于理财方式懒得调整，结果市场有变时全部都亏了。而有的理财人士就像“机灵鬼”一样，注重低风险的理财产品，接受新的理财方式，比如买收藏品，取得了较好的理财收益。

“杯子哲理”让我们明白，理财就要告别固执、马虎、懒惰，要向“机灵鬼”学习，积极转变理财方式，让“财富的杯子”不断注入新的理财产品，才能让财富越积越多。

1. 家庭理财的非凡意义

家庭理财就是以家庭为单位，进行各种投资与财物管理，通过有效控制风险，使家庭财产有效地保值和增值，实现家庭资产收益的最大化，减少不必要的浪费，从而达成家庭的各种生活目标。

家庭理财的基本内容包括：家庭计划、收支管理、实物管理、投资管理、债权债务管理、家庭理财提醒等。

家庭理财的最大的目的就是让家庭的资产增值。我们要学习科学的理财方式，让家庭的财务情况时刻保持在“盈利阶段”，使家庭的各个阶段的需求都能得到满足。所以我们要掌握科学的理财方法，控制理财风险，让家庭资产进行有效的翻滚，让家庭账户里的钱再生钱。对家庭资产科学管理，当我们年轻时多积累财富，到了退休时，年纪大了便可以享受人生。

2. 在不同的家庭阶段该如何进行理财

（1）初建家庭阶段：刚组建家庭的夫妻一般在 30 岁左右，主要是积累财富阶段，需还银行贷款和结婚前的一些债务。

理财策略：购买一份保险。家庭债务可以多使用信用卡来完成。资金可分为三个部分，大部分购买收益较高的股票，少量资金购买债券和货币基金，可参考占比为7∶2∶1。同时投资理财需谨慎、理性。

（2）家庭稳定阶段：夫妻 30~50 岁，生育、养育、教育孩子，自己在事业上的拼搏阶段，家庭责任重，风险承受能力低，还要储蓄养老金，还清银行贷款。

理财策略：购买大病医疗保险，这时的理财关键是减风险。

（2）家庭成熟阶段：夫妻 50~60 岁，孩子结婚，夫妻快退休了，养老成为理财的重点。

理财策略：购买意外、养老保险，将债务进行清偿。

（3）家庭退休阶段：夫妻都在 60 岁以上了，家庭有一定数量的积蓄。

理财策略：此时是享受保险收益的时候了，可根据家庭情况合理投资。

3. 避开家庭理财的误区

如今，很多家庭对于家庭理财还存在一些误区，应该对此有清醒的认识，及时采取措施，避开误区。

第一，不知道家庭资产到底有多少，对于自己家中的资产的种数、数量、价值等方面不清楚。因此，我们在做家庭理财的时候，首先要对家庭的所有资产进行整理，将数量和品种进行清点，比如房产、收藏品、基金、黄金、字画等。其次，对所有资产进行登记，便于查看，对每一项资产进行分类管理。

第二，透支是常事。很多家庭消费是没有计划的，常常收入都不够支出，然后后面的消费全部用信用卡透支来完成。还有的家庭贷款提前买多套房产、买两台车来超前消费，这样的透支消费只会让家庭理财变得越来越危险。

第三，冲动消费。特别是家庭中的女成员，有时看到新款服饰直接刷卡，基本不看价签。但是回到家中发现根本穿不了或不适合自己。这样的消费太不理性，根本没有对家庭的财富情况进行分析，随意消费，如果次数很多，会给家庭造成很大的负担。

第四，与人攀比。很多家庭的消费只是为了和别人进行攀比，比如某个朋友又换新车了，于是家庭购车消费就发生了。这样的家庭攀比行为会让家庭资产出现很多“坏账”。

因此要具有一定的家庭理财原则和技巧并遵守原则进行合理消费和理财，让资产快速翻滚。

4. 家庭理财的原则和技巧。

（1）家庭理财的五大定律：

“4321 定律”：这个定律可让家庭的资产进行科学的搭配，对于家庭成员的全部收入做如下分配：偿还房、贷车贷及股票基金理财、家庭正常支出、银行活期储蓄、购买保险四大部分，参考分配比例为 4∶3∶2∶1。

“72 定律”：不拿回利息利滚利式的投资理财。本金增值一倍所需要的时间等于 72 除以年收益率。例如我们存 10 万元到银行，银行的年利率是 2%，计算方法：72 除以 2 等于 36。也就是说投资银行存款要 36 年方可出现翻倍。

“80 定律”：股票占总资产的合理比重等于 80 减去年龄的得数再添上一个百分号（%）。比如，30 岁时，为 80－30=50，再加上%，也就是说股票可占投资比重的 50%。同样的方式，50 岁时，则可占比重为：80－50=30，就是 30%。

“家庭保险双 10 定律”：家庭保险设定的适宜额度应为家庭年收入的 10 倍，保费支出的适当比重应为家庭年收入的 10%。例如，我们家庭的年收入为 10 万，那么保险额度应为 1 万元。家庭年收入为 20 万，那么保费应为 2 万元。

“房贷 31 定律”：也就是说我们每个月家庭要还银行贷款的数额，不能超过家庭成总收入的 1/3。

家庭成员的健康投资是家庭理财的根本所在，有了健康才可能进行投资理财，才能让家庭资产实现翻滚。有了健康才有了资产的增值的可能。因此，健康投资是第一位的。

我们在进行投资理财的时候，最好的理财顾问是自己。所谓专家的建议只是他认为的，我们要自己去观察金融市场、分析市场变化、对比投资产品的收益和风险，只有自己才能找到适合自己的理财产品和理财策略，相信自己的理财能力，才能让家庭的资产不断增加。

我们在进行家庭理财的时候一定要具备长远的眼光。投资理财是一生都要进行的事，不是一个月赚了一万就停下来，必须从家庭组建到退休都要不断地去理财。“股神”巴菲特就是从小开始投资理财，一直到现在。

我们要让家庭里的金钱动起来，不能只是在活期存折上面睡觉。只有让钱动起来，钱才能发挥作用，家庭的资产在多次的资本运作、理财规划之后才能出现增长。让钱停下脚步就是理财的最大失败。

我们进行家庭投资时要能屈能伸。金融市场变化多端，有的时候我们可以连赚半年，但有的时候遇上市场冬天投资失利，这个时候也应保持冷静。有得必有失，失败就是下一次投资成功的开始。比如股票涨了，我们不应高兴太早，股票跌了，我们也要勇于割爱甩卖。

家庭理财要有一个度。有的时候，我们可能在投资市场一直保持盈利，但追求财富永远没有终点。钱是永远都赚不完的，有的时候停下来享受家庭的资产也是一件快乐的事情。

（2）家庭理财七原则。

原则一：对家庭的流动资金要经常进行统计。对现金、存款、债券、股票等分别进行统计，现金或变现储备应该可应对 5~6 个月的家庭支出为保险数值。目的是当家庭出现变故时，家庭资产可从容应对。

原则二：为家庭购买一份意外保险。家庭理财的风险有一部分就来自家庭的主要劳动力突然受伤或大病。购买保险可以分担家庭的理财风险，对家庭生活起到良好的保障作用。

原则三：对每一种理财方式进行全面的分析和研究。比如定期储蓄风险最低，但收益也最低；股票、债券、基金风险比定期储蓄略高，收益要高很多；证券基金、期货基金风险最高，同时收益最高。

原则四：家庭收入不一样，理财方式不一样。比如，家庭收入比支出多不了太多，只能就选取风险较低的理财产品；若家庭成员的收入都比较高，抗风险能力较强，则可选择股票类投资，获得较高的收益；若家庭成员中只有一个人收入高，就以保守型方式理财。家庭投资应以分散投资为主，多选择几只股票、多选择几只基金来分散风险，达到有效和平衡的收益。

原则五：知己知彼原则。首先要对自己家庭的各种情况了如指掌，如全年收入、支出情况等。还要对合作银行、投资公司、理财产品的收益和风险等方面都要了解。只有对这些方面都了解清楚了，才能找到适合家庭理财的各类理财产品。

原则六：掌握一套投资理财策略。要想将家庭的资产增值、让资产有效地进行翻滚，就必须掌握一套投资理财策略，这样才可以让家庭资产发生“由无至有、由有至多、由多至富”的变化。理财策略对于储蓄、投资和资产管理方面都有着良好的功能，可以帮助资产进行有效搭配。

原则七：理财要为未来打算。对于家庭理财而言，一定要多为未来做打算，例如子女的教育基金、投资房产的资金、未来养老等方面是必须规划好的。

(3) 家庭理财的十大技巧：

第一，在组建家庭之始，家庭理财的重心应放在积累财富上面，理财策略也应以低风险为主。最好的方式是选择定期储蓄的方式，可以让家庭的资产渐渐积累。

第二，组建家庭的同时，对于住房的购买一定要从长远进行规划，房产是一项长期的投资行为，应选择易增值、地段好、配套佳、交通便利的房产。

第三，进行任何家庭理财规划之前，应对家庭资产进行核算，分析投资后期是否有足够的资金进行支出、是否会有风险等。

第四，对于家庭的所有资产列一个表格，随时可以掌握并记录家庭资产的增长或减少的情况，若发生减少的情况，以便有效用理财方式进行调整和补救。

第五，家庭理财应多样化，不能仅用一种投资方式，比如，房地产、股票产品、基金债券等方面要进行有效搭配，尽量分散投资，减少投资风险。

第六，每一项家庭资产选择一种投资方式，让它们尽快实现增值。

第七，让家庭资产流动起来，比如购买一些短线的股票和短期基金，让家庭资产保持流动的状态。

第八，关注金融市场、国家政策、经济大势等方面，当以上方面发生重大变化的时候，可以对家庭理财计划进行紧急调整，以免造成损失，尽量将风险降至最低。

第九，在理财的同时一定要重视保险和养老方面，等退休的时候才能有较好的资产积累和保险保障，度过一个有品质的晚年。

第十，从理财开始的时候主要购买一系列的保险产品，如疾病保险、伤害保险、人寿保险、财产保险，让保险为家庭的人身和财产安全做一个保障。

总体而言，家庭理财最重要的是对每个人生不同阶段采取不同的理财策略，让我们一生都为理财而努力，这样到了退休之后才能拥有一个灿烂的晚年生活。

掌握一定的理财技巧和理财原则，才能让家庭资产快速地增值，实现资产翻滚。

第二节　家庭理财的科学合理规划

下面讲一个理财小故事：大富豪的“抠门事”。

比尔·盖茨是世界上著名的大富豪，但他同时又是一个“抠门的人”。

比尔·盖茨谈恋爱的时候，有一次他们约好在一家饭店吃饭，助理为他订了一间豪华的套房，不仅有一间大卧室、两间小卧室，还有一个大会客厅，他顿时对助理大吼道：“你怎么这么会花钱？”

还有一次，他外出举行一场演讲，一下飞机就去订了一个标准间。当时就有人就问他这么有钱为何不订一个总统套房，他却平静地回答：“我明天就离开这里了，今天已经有几个人约我谈事情了，待在这个房间的时间只有两个小时，订一个总统套房不是浪费钱吗？”

比尔·盖茨每个星期都要坐飞机去各地开会，而他几乎都是坐经济舱。有一次，他和一个朋友去希尔顿酒店参加一个会议，因为堵车到了酒店时发现没有停车位了。朋友建议他把车子停在贵宾停车位上，他却说那会多付12美元，属于超值消费。

比尔·盖茨虽然在工作和生活上十分“抠门”，但给公司员工的工资都很高，而且他一生都在做各种慈善事业，并宣布将在有生之年把自己95%的财产捐给社会。

那么，怎样科学地规划家庭财产呢？

1. 家庭理财要先设定目标和理财规划。

我们在进行家庭理财的时候，最重要的就是设定家庭理财目标，有了目标，后面的理财计划才有可能实现。

因此，我们首先就要做一份详细的、明确的理财目标。如果没有目标，理财计划的执行就十分就非常困难了。

理财目标一般有三种：短期、中期和长期目标。

短期目标，比如我们想买台钢琴，半年内就可以完成。短期目标要求我们将家庭资金分为三份：第一份主要是家庭日常生活中的花销；第二份为急用资金和闲散资金；第三份为投资理财规划，在短期内将家庭资产进行增值。

中期目标，比如筹集资金购买第二套房产，这个目标一般需要5~10年来完成。比如，购买保险，还可以购买各种类型的货币基金，购买理财产品、子女教育基金等。

长期目标，比如以后年纪大了计划退休后如何养老。这个目标是10~20年，甚至更久。规划好养老事宜，比如购买养老保险，为退休后可以过一个安逸的晚年生活做打算。

理财目标应该有三个标志：一是目标结果可以用具体多少钱来计算出来；二是设置实现目标的具体时间期限；三是要合理且可以达成。

也就是说理财目标需可计算和有时间限制的。比如，我想三年后买一套别墅，我想六年后换一台越野车等。

当然，我们在设定家庭的理财目标的时候，一定要合理，根据家庭的收入能力和未来的收入情况来做计划。就是说我们制定的目标应该是可以达成的，并不是凭空瞎想的。

只有理财目标是清晰的，我们执行理财计划才会更有方向和动力，最后才有可能实现目标。

我们在做家庭理财的时候，要做好如下四大理财规划：

现金规划：在家庭理财的过程中对于现金的把握十分重要，每个月的支出消费要做严格的控制，而且要不断地拓宽收入渠道。比如进行股票、基金、保险等可以钱生钱的理财，还可以在工作之余做一份兼职，比如网络投稿、写剧本、写软件、写网文等。在工作之余还可以和朋友合伙做些小项目赚钱。在消费方面也要把握一个原则，只买合适的或性价比高的，不买贵的。每个月应准备一定数额的应急资金，防止家庭发生突发事件。其他的资金就可以做理财投资了。

风险管理和保险规划：家庭理财中购买保险是必需的，保险可以为家庭成员的未来做一个良好的保障。但每个月的保费不能超过家庭总收入的十分之一，因为这样的保险产品不会对家庭的财务造成压力。比如可以为家庭中收入最高的人购买人寿保险和重大疾病保险，可以为子女和老人购买意外保险、教育基金、重大疾病保险等。

房屋规划：随着房地产行业的迅速发展，房屋和商铺是一项长久保值和增值的好投资。家庭资金比较充裕的情况下可以进行房地产投资，但是由房产投资的周期较长，因此流动资金不足的家庭应慎重考虑房地产投资。

养老规划：养老规划应该提前做，每个月存一定数额的资金，等年纪大了就有了一笔大数额的资金，可以享受优质生活的晚年。到时候，除了退休金、存款，加上养老金，基本上平时的消费和支出就足够了，有的时候还可以补贴一下子女。

2. 制订家庭理财计划，让每一分钱都有“出处”。

制订一份合理的理财计划对于家庭理财起到了一个“带头”作用，让我们知道哪些钱该在什么时候用、用来做什么。那么制订一份实用的、有效的、合理的理财计划有哪些步骤呢?

①对每一项理财目标所需要的资金进行预算。把目标都罗列后，下一步就是认真去执行，计划会驱使我们在工作和生活中按

这个目标执行。

②排列每一个计划实现的顺序。全家人可以召开家庭会议进行讨论，把最重要的目标放在第一位，然后按重要性依次往下排列。按时间顺序和重要程度等进行排序，看哪些是确实需要的，哪些只是自己想要的，哪些是重要、紧急的，哪些是次要、不紧急的，等等。

③对家庭的净资产进行核算。对于家庭的固定资产和虚拟资产进行统计，将负债情况列一个表格，对家庭全部财务情况进行分析。比如家中的现金、银行存款，固定资产如房子、商铺等。只有核算了家庭资产，才便于进行资产配置，根据家庭的风险承受能力做下一步的理财计划。

④对家庭的近期账单进行整理和计算，计算家庭的支出情况。对家庭的每月总收入进行核算，包括工资奖金、单位补贴、理财分红等。计算支出情况，如小孩教育费、老人的赡养费，还有旅游、生病、送礼等不可预见性支出。

⑤每一笔收入都要计入家庭账本中，严格控制支出的数额。

⑥家庭的强制储蓄必须每个月定期进行。比如，每个月将工资清点，哪些钱必须存入银行。

⑦执行家庭消费预算制度，透支必须进行严控。

⑧将家庭的资金进行投资理财，比如购买国债、股票和货币基金等。

⑨当资金积累到一定阶段可以考虑投资一套房产物业。

⑩对“三种钱”要管理好。第一是应急资金，准备半年的家庭必要开支支出，可以选择活期储蓄；第二是家庭底金，一般是保证家庭3~5年生活支出的钱，可选择定期存款、风险小的固定收益理财产品等；第三是闲置资金，一般5~10年都不会使用的资金，可以用于投资房产、买股票、基金等。最好选择多样化的理财产品，可以降低风险，达到最大的收益。

⑪准备小孩教育基金。建议从小孩出生起就设立一个子女教育基金账户，每一个月储存一部分资金，等小孩上学后就可以使用了。还可以选择基金定投的方式进行储备资金，还能有较大的收益。

制订好家庭理财计划后，接下来就是坚定不移、坚持不懈地去执行，才能实现家庭各阶段的理财目标，让全家过上优质的生活。同时需要定期对计划的执行情况进行自我检查。在平时的生活中注意节约，养成制作家庭账本的好习惯，可以将家庭支出的煤气费、采暖费、手机费、水费等收费凭证收集起来，到了年底做一个详细的计算，就可以预算来年的大致支出情况。

只有对家庭账本的理财计划进行监控，才能知道哪些理财目标没有完成，并及时实施，坚定地将理财计划执行下去。

3. 制作家庭账本，轻松掌握家庭收支情况。

我们在进行家庭理财的时候，最好的方式是做一本日常理财账本。

家庭理财的日常账记录分为三类：家庭的日常开支账、家庭交易账和家庭预算账。做好了这三本账，家庭理财才不会盲目和无序，我们可以很清楚地看到每个月的收入和支出情况，并预算之后的支出情况。

首先，家庭日常开支账必须细致记录。

日常开支账是家庭理财中最重要的一本账。做好了这一本账，可以将家庭的资产情况、收入情况、支出情况很好地反映出来。最开始要设立家庭状况的账户名称，按照日常生活所需的消费情况，可以分为以下几个名称，如家庭共用的现金（备用金）、各个家庭成员手上的现金、活期存款、信用卡和个人支票等。

做每一笔账必须十分仔细，不得马虎。对日度、月度综合收支进行细分。比如一笔支出拆分为生活费、休闲、利息支出三笔进行记录这样可以很方便地看到账户还有多少余额，也可以对收入和支出分别汇总和统计，让我们心里对家庭的各种资金的流向有一个详细的了解和掌握。

做日常开支账必须是当时发生当时记录，不能拖到第二天，如果时间长了，经常会出现遗忘的情况，有时还会因记录晚了可能漏掉某笔支出。如果经常出现漏记、错记、不记账的现象，那么记这本账就没有意义了。

更重要的是，当天及时记账可以知道家庭账户里还有多少钱，信用卡是否逾期未还，以免发生信用卡透支未偿还引发的利息或信用不良记录。

其次，家庭交易账。它可以让我们掌握家庭资金的流动情况。家庭日常开支账是我们日常生活中的消费记录，而做好这一部分对于我们家庭的各种投资交易情况就需要开始记录了。比如，我们对各种交易都要分门别类地记录好，基金、股票、国债、债券等每一种类型的交易单独成账。每一次交易后应立即进行记录，月底进行统计和分析，找出盈亏的数据。例如，股票要记录买入记录、卖出记录和余额；基金就要记录买入时间、金额等；定期储蓄就要记录哪天的存钱、哪天为到期日；保险就要记录缴纳保费、理赔给付、退返保费、分红等各种细节。

最后，家庭预算账。它可以让我们对家庭未来的消费和投资理财规划有一个清晰的预算。家庭预算账最能考验理财者的能力。比如，我们可以做家庭未来一年的收支预算和理财计划。做家庭预算账的时间最好在家庭日常开支账和家庭交易账已记账超过半年以上，对于过去半年的各种收入和支出、投资交易情况做一个总结和分析，分月度、季度各进行一次计算，作为预算工作的参考数据。

做家庭预算账可以让家庭的理财目标和理财计划实现得更快，对于家庭资金变化、未来资金使用情况做一个详细的规划，可以帮助我们在未来一年的理财过程中有规律、有标准、有计划地进行。

家庭记账是家庭理财中最重要的一个环节，它可以帮我们在理财的过程中做到科学理财、计划理财、预算理财。这样理财可以让我们的理财工作更透明化，更有条理，更能一眼就能看到收支、盈亏情况、未来结余情况。我们必须把家庭记账当成一项长期的工作来做，只要进行理财，家庭记账就不能停下来。要有长远的计划，要有必定完成理财计划的决心，坚持不懈，一直到家庭理财的结束。如果记两天停三天，这是不可能做好家庭理财的，那些花出去的钱根本没有谱，对于家庭的资产也没有谱，那么这样的家庭理财一切都要靠蒙、靠碰运气。

那么，我们做三本家庭账本除了可以记录我们的各种收入和支出，还有哪些好处呢?

第一，可以对家庭的资产情况、收入和支出情况做一个全盘了解，可以对理财规划做一个详细的计划。比如，我们可以从账本中看到每个月我们收入多少钱，支出多少钱，都消费在哪些方面。还可以知道下个月我们还需要在哪些地方进行支出，可以看到家庭账户的余额有多少，可以供我们去理财和投资。

第二，可以让我们的消费活动变得有节制。很多人喜欢领了工资就去大采购，一时忘记了还有房贷、车贷和信用卡没有还，最后弄得下半个月天天吃面条、喝白开水。这样的“月光”消费属于非理性的消费。只有对每一笔账进行记录，我们才可以随时知道钱花出去有多快，有多少地方需要花钱，这样可以让我们养成不再乱花钱的习惯。记账时间长了，我们可以慢慢地掌握理财的技巧，消费也变得有节制，能够做到每一分钱都花在该花的地方，花最少的钱办最多的事。

第三，可以让我们从理财外行变成理财高手。我们每个人不是天生就是有财务意识、理财知识的，因此，多做家庭账本可以让我们拥有更多的理财和财务之道，可以慢慢拥有良好的理财能力，让家庭过上精打细算的精致生活。家庭账本是家庭理财的敲门砖，把这个账本做好了，后面的家庭理财目标和理财计划才能很快实现。

第四，多记家庭账本可以让家和万事兴。大多数夫妻吵架大多都因家庭的账务不清、花钱不透明造成，有的一家有几代十几口人，巨大的家庭开支将成为家庭矛盾的导火线。因此，做好三本家庭账本，可以让家庭成员相互信任，知道哪些人花了哪些钱，哪些人收入了哪些钱、为家庭做了哪些贡献等。比如有的晚辈每个月把工资的一部分交给长辈来做家庭零用钱，这样就十分清楚，每笔账都记得很清楚，家庭成员会逐渐变得和平共处。

第五，多做家庭账本可以起到“借债本”的作用。比如有人借了钱一直没有还，可以在家庭账本上记录清楚，到期可以向那人催还。或者我们向别人借了钱，也可以记录好，快到期的时候我们要筹集资金，尽快偿还。还有一种情况，那就是同事结婚、朋友小孩满月等红包费用也可以记录下来。

“月光族”家庭应该用账本来拯救家庭财务，不能这个月花得很开心，下个月就要过苦日子了。

第三节 “会诊”理财

美国纽约有位年轻的律师，他服务过的委托人都是千万富豪，于是，他决定向他们借一笔款。他找到一位熟识的银行借贷部经理，从其手中借了一万美元。然后，他又去了另一家银行，把那一万元存了起来。接着，他又找了一家银行借了一万元，将钱存到了第四家银行。这样存款利息和借款利息差不多。

过了几个月之后，他把债务都还清了。根据他的还债情况，他在银行界的信用级别积累得很高，不到一年时间，他就借到了十万美元。

半年后，他借钱购买了一家即将破产的公司，最后经过他的运营，该公司的资产迅速实现了翻滚。

很多财富都起源于借贷，比如马云当初创办阿里巴巴也是敢于借款，才成就了现在的阿里集团。只有敢于借款，才有可能得到更多的财富。

1. 对家庭理财进行“体检”，让家庭理财走上安全之路。

很多人对于家庭理财可能还没有概念，觉得这个领域太复杂了，有的人对于家庭理财就是一种很简单的想法，他们认为：“赚了钱或者发了工资之后就存起来不就是家庭理财了吗?”这样的理解实在是太肤浅了。

当我们进行家庭理财的时候，需要每个月都对家庭的财务情况进行一个分析和总结，只有这样才可以让我们的家庭理财走上安全之路。通过分析和总结，我们可以了解家庭理财的效果和问题所在，在以下五个方面进行一些调整和重新规划。

第一方面：统计上月家庭的总资产情况，例如现金和银行存款、基金期货等理财资产、房屋商铺等固定资产等方面的配比情况；

第二方面：统计家庭有多少负债情况，例如朋友借款、水电费物业费、信用卡透支、房租、保险费等短期需偿还的负债，还有就是买房的银行房贷剩余未还部分、买车借款未还部分等长期需偿还的负债，对两部分的负债情况进行比较；

第三方面：过去的一个月中家庭所有成员的整体收入是多少、支出是多少，工资所得的收入与家庭理财所获得的收益情况；

第四方面：过去的一个月必需品支出有多少、非必需品的支出是多少，如非必需品的支出较多，则以后在此方面的消费就需进行控制；

第五方面：过去的一个月一共存了多少钱到银行账户，对于后期的理财规划是否达到计划的数额。

对这五大方面进行家庭财务“体检”时，具体需要计算哪些数据呢？

根据理财师的介绍，一般有以下五种算法。

①偿付比率等于家庭净资产除以家庭总资产。这个比率可以看到家庭的财务情况的“健康”程度，也可以看到家庭债务的情况。如果偿付比率小于0.5则说明家庭负债较多，有时需借债来生活。最合理的比率应该是0.5，如果比率很高，就需要加大理财的部分了。

②负债比率等于家庭负债总额除以家庭总资产。如果一个家庭连续几个月的负债比率在0.5以上，则说明家庭的财务出现了重大的“财富赤字”现象，这将十分危险。

③流动性比率等于家庭流动性资产除以家庭每月支出总额。一个家庭的流动性资产数额越大，证明家庭的消费能力越强，但这个流动性比率太大会造成家庭收益不稳定。也就是说，我们不要随便对家庭的现金、定期存款、基金等流动资产进行频繁变动。

④负债收入比率等于家庭每年偿债额除以家庭税前年收入。这个比率可以体现家庭每个月需还债务的情况，如果该比率过高，

则证明家庭财务情况很“危险”。

⑤投资与净资产比率等于家庭投资资产部分除以家庭净资产部分。这个比率可以计算出家庭通过理财投资等途径提升家庭次资产数额的大小。一般情况下，该比率保持在 0.5 最合适，这个比率既可以让家庭投资收益有保障，又可以少承担投资风险。

2. 千万不要怕负债，有时负债反而会让资产增值。

很多家庭对负债很恐惧，巴不得只要家庭有收入了，就马上把负债给还掉，他们觉得如果天天生活在有负债的日子里，就会出现睡不好，吃不香的情况了。

在过去，大多数家庭都存着一笔钱为将来使用，而现在，越来越多的家庭开始有了超前消费的概念。然而，随着提前消费的出现，越来越多的家庭有了家庭负债，比如，每个月定期必须还信用卡的卡奴，宁可少吃顿饭也要把银行贷款给存进去，宁可少开一天车也要把每个月的车贷按时存上。

当然，负债也不是洪水猛兽，只要我们科学管理家庭债务，同样也可以过上品质的生活。

那么，一个家庭的负债“安全值”是多少才合适呢?

这就要求我们需要对家庭资产负债率进行计算。在家庭理财的过程中，我们要对家庭的负债进行逐步清点，尽量让负债总额下降，让负债比率降到 0.5 以下。要适时对于理财中的理财资产和流动资金进行合理的调配，保证流动资金有力偿还负债的部分。

我们要对家庭的流动性比率进行分析，比如，可以在家庭理财的计划中设定一部分可供流动的现金、活期存款、短线基金或其他理财产品，这样可以让家庭的资产在出现紧急情况时可轻松地变现，不至于出现负债过多的情况。

比如说，我们每个月的信用卡、电费、水费、物业费、房贷、车贷等支出约为一万元，我们就要计算一下家庭的总流动资产有多少，一共可以维持每月一万元的负债需多少个月。根据理财师长年的经验，建议可以将家庭的流动比率保持在 0.5~0.7 之间，基本上至少保证现金和定期存款有六万元以上。

这个流动比率在 0.5~0.7 之间对于维持负债是有好处的，但对于家庭的各种理财产品，如基金、股票、债券、期货等是不利的，因为频繁地让资金流动，比如我们每个月对于理财产品进行买入和卖出，势必会影响理财的收益。因此，不能长期让流动比率保持高位。

根据家庭的资产的流动比率还可以看出一个家庭的偿债能力比率。偿债能力比率等于每月可支配收入除以每月债务偿还额度。对于一个家庭来说，每个月的新增家庭总收入应为每月债务支出总和的三倍才算是健康的家庭财务状况。

当家庭成员出现了工作不稳定、工资收入不平均的情况时，家庭偿债能力比率将发生变化，这个时候就要引起高度重视了。

当家庭在组成初期，一般处于数值较低、慢慢往上升的阶段，到了四十岁左右，偿债能力比率将是最高的时候，而到了家庭成员年纪大了之后，数值将缓步下降。

当然，我们在管理负债的同时，也要关注家庭的生活水平情况、现在每个月的消费情况和预算将来的消费情况，例如，每个月的物业费、宽带费、水费、电费、煤气费、日常生活支出等费用属于当期消费，而购房、购车、创业投资等属于预期消费，如果当期消费与家庭月收入与的比值较大，则表明家庭的负债能力较小。

那么，一个家庭怎么管理负债呢？

首先，每个家庭对于家庭的负债情况要做好全面的梳理和计算，需要对于长期负债的优点和特征掌握清楚，在平时的理财投资中调整短期负债和长期负债的比例，例如在购车的时候，如果有的 4S 店有无息分期信用卡购车，就不需要全款购车，可以将分期资金用于购买理财产品来获取相应的收益。

其次，我们在家庭理财的过程中，要每一个月对家庭财务进行一次检查和计算，及时偿还短期负债，不要让负债额越变越大，那样会让偿还难度加大，更会降低家庭的生活水平。比如信用卡的偿还应排在水费、电费、物业费、宽带费、有线费等生活费用之前，因为信用卡还款如果有逾期情况则会有利息发生，这是十分没有必要的，最好等每个月工资收入一到位，马上进行信用卡还款，以免因为工作繁忙而造成逾期利息。

再次，很多年轻的家庭喜欢“风险消费”，比如办理数张信用卡，第一张卡刷两万元，花光后，将第二张卡套现还第一张卡的消费额，等第二张卡的还款时间快到的时候，又将第三张信用卡套现还第二张卡的消费额。这种方式看似很轻松和聪明，但长期下去，就有可能陷入欠债的恶性循环，消费的欲望越来越大，负债的数额将不断增加。

最后，我们管理负债的重点在于对于家庭总收入和总支出情况进行科学规划，使收入和支出的比率达到一个合理的数值。按照家庭的收入能力和偿债能力来进行消费。比如家庭准备购房，本来贷款 50 万就属于合理的负债范围，如果非要冒险购买大一点面积的房屋，支出将翻倍变化，家庭负债数额将会加大，增加了偿债难度。

3. 家庭理财的必要准备和科学的投资组合。

对于理财新人来说，一定要对投资市场进行多方研究和了解，不能听银行理财经理的推荐就迅速做决定，一定要对理财产品进行比对和分析，慎重进行选择，这样才可以在风险和收益之间达到一个合理的平衡。

在进行家庭理财之前，一定要对家庭资产情况进行分析，搞清楚家里的真实底细，例如家庭的所有收入渠道、固定资产有哪些、流动资金的数额、家庭负债、可供投资的资金、全员月收入、每月日常支出等。我们要在家庭理财的过程中学习各种投资技巧，只有这样才能不断增加投资收益，降低投资风险。其次，还要对投资市场进行了解和分析。投资市场的变化是我们每日都需关注的，只有掌握了准确的资讯，才有利于我们的理财计划。比如，我们可以多关注财经杂志、财经类的手机应用、电视上关于财经、证券、股票类节目、各种上市公司的年报和财务报告等资讯。

分析了家庭账务情况和市场情况之后，还应对资金准备、知识学习和理财心理等三大部分进行规划。资金准备就是说我们要对家庭未来六个月的支出和债务进行计算，剩下的资金就可以用于投资理财；知识学习就是我们要通过网络、自学、请教等方式学习理财、投资等各种知识和各类理财产品的购买和销售流程；理财心理指的是我们要对理财的风险要有详细的认知，家庭是否能承受相应的投资风险，如果能承受，则可以进行下一步的投资理财计划。

那么理财的基本原则是什么呢？

大多数理财师的答案都是：“开源节流。”开源是一门技巧，一边努力工作，让工资收入能得到提高，同时要开拓多种理财途径，如购买理财、投票、黄金、期货等，以此来获取收益。节流不是说让我们整个家庭不支出，而是要对于非必需的支出应理性控制。调整科学的消费观念，既要保证生活的品质，也不能盲目消费。

当然，以下只是家庭理财中的细节，要想真正达到理想状态的家庭理财，我们必须掌握一套科学的理财投资组合，只有这样，才能不断让我们的家庭资产实现翻滚，让资产迅速增值。

根据理财师们长期的经验，一般有五种投资理财组合方法：

“一分法”——主要是收入很低的家庭。建议采用定期存款的方式。

“二分法”——收入一般的家庭。建议将投资分为两个部分，第一部分为现金存款、债券。第二部分则可以购买保险产品。

“三分法”——收入稳定的家庭。建议现金储蓄、房产投资、保险投资的比例分别为 55∶40∶5。

“四分法”——高收入的家庭。建议现金储蓄、房产投资、基金、保险的投资比例分别为 40∶35∶20∶5。

“五分法”——资产雄厚的家庭。建议将投资分为四个部分：现金存款、房产投资、基金、股票期货、保险分别占比 30∶25∶20∶20∶5。

4. 科学的家庭资产分配方式——标准普尔家庭资产象限图”。

在投资理财界有一份“神秘”的图表——它曾帮助无数家庭将家庭理财做到了极致的状态。

那么“标准普尔家庭资产象限图”是什么呢？标准普尔为全球具有影响力的信用评级机构之一，专门提供有关信用评级、风险评估管理、指数编制、投资分析研究、资料处理和价值评估等重要资讯。标准普尔曾调研全球十万个资产稳健增长的家庭，分析总结出他们的家庭理财方式，从而得到标准普尔家庭资产象限图。此图被公认为最合理、稳健的家庭资产分配方式。

那么，“标准普尔家庭资产象限图”与其他的投资理财组合有什么区别呢?

“标准普尔家庭资产象限图”是把家庭资产分成四个账户，这四个账户的作用各不相同，所以资金的投资渠道也各不相同。只有拥有这四个账户，并且按照固定合理的比例进行分配，才能保证家庭资产长期、持续、稳健的增长。

第一个账户：必须要用的钱——家庭日常消费账户。这类资金与家庭总资产的比值是1∶10，必须保证一个家庭六个月左右的所有支出资金。

比如，家庭中的水电费、物业费、宽带费、电话费、交通费、服装、每天买菜费用等等，最好把要用的钱放在活期银行卡中，尽量少放现金在家里，这样做一是安全，二是可以控制消费的速度。有的家庭常常将此类账户里的钱用得较快，有时占比超过十分之一，一不小心就超额消费了，这就会影响其他账户的资金。

因此，我们对于家庭的流动资金进行统计后，一定要严格控制家庭日常支出，有些非必需的支出应保持理智，不得冲动消费、铺张浪费。

理财重点：理性消费、合理支出。预留六个月的支出资金，防止因职场或其他原因造成收入降低的情况发生。

第二个账户：保证家庭安全的钱——家庭突发事故的账户。这类资金与家庭总资产的比值是1∶5，这个账户对于家庭来说意义非凡，主要解决家庭突发的各类不可预料的支出。

这个账户绝对是“打死也不能动用”的，它关系到家庭的安全大事，绝对不能开玩笑。这个账户的管理需异常严格，任何家庭成员不得轻易动用此账户。例如，家庭某个成员突发严重疾病、工伤或交通事故等情况时，用这个账户来为家庭保驾护航。这个账户一般是为家庭成员购买意外伤害和重大疾病保险，保险可以让我们在出现突发事件后得到相应的货币补偿，让家庭可以应对。家庭每个月只用存入一定数额的保费，若发生突发事件就可以得到一笔保险金可供处理突发事件。

作为一个理性的理财投资者，这个账户非同小可，虽然平时对于家庭的资产增值并未出力，但是遇到突发事故时可以起到力挽狂澜的作用。如果没有这个账户，家庭发生突发事件之后，整个家庭将陷入无限的慌乱和恐惧之中，只能把房子卖了、把车子卖了、把股票全部“割肉”，甚至有的家庭借不到钱就去借高息贷款。若家庭没有将此账户作为必备账户，那么危险来临之时，家庭将承受重大的冲击。

理财重点：意外保险、重大疾病保险是保障家庭生死存亡的必备账户，不得挪用。

第三个账户：让家庭资产翻滚的钱——家庭投资收益账户。

这个账户就是让我们的现金不断增多的钱，此账户占家庭总资产的比值最好为3:10，这个账户的功劳很明显，可以让家庭总资产增值，不断获得较高的收益。家庭理财过程中可以通过购买股票、基金、投资房产等方式获取高收益，当然，投资就是有风险的，因此，要对比多种理财产品和理财方式，在投资收益和投资风险的比例上找到一个很好的平衡点。但是，很多家庭对于这个账户在家庭总资产的占比总容易“拔高”，比如，看到哪种投资方式赚钱多，就马上把投资额增加，甚至超过了30%，这样的理财方式是相当不理性和不冷静的。只有将这个账户的占比严格控制在30%，才能在我们亏本的时候不至于倾家荡产，不会对家庭财务结构造成重大冲击。因此，我们在家庭理财的过程中，一定要科学理财，在对于这个账户的资金安排和规划上，一定要严格把握。

理财重点：这个账户的主要工作是获得高收益，因此，对占比应保持严格的控制，有的家庭投资理财的时候喜欢乘胜追击，这个月拿出家庭总资产的30%购买股票，发现股票大涨，就马上心潮澎湃，下个月就拿80%的资金来购买股票。而股票市场总是风云变幻，这样的投资风格和投资心理是很有问题的。

第四个账户：“一钱两用的钱”——既能保本又能升值的长期收益账户。建议这个账户必须与家庭总资产的比值为2:5。这个账户的钱包括家庭里每个人的养老基金、小孩子的教育基金、子女成长基金等。这部分账户是用来保障未来家庭生活的资金，因此必须提前预备好，让年老的时候有一个体面的、温馨的、高品质的晚年生活。让孩子们在读书的时候不用为学费和各种费用发愁。

因此，第四个账户里的钱最重要的原则是保本，不能让本金出现任何闪失，保证任何时候都不动用。这个账户的钱可以选择收益不高，但是绝对稳定的理财产品。

我们要保证第四个账户中的钱专款专用。每个月定期存上养老金，不管出现什么事情都不能动用。有的家庭喜欢这样思考："我就换辆车，先借用一两年，到时候我再把这个缺口给补上""哎呀，现在还这么年轻，离60岁退休还早得很，先借用一下这个钱，过几年赚了钱再存上"等，这些理财思维都是十分危险的，必须将它们扼杀在思考中。

每年在银行存上一笔钱，比如一万至五万，只有坚持存款，才能让这个账户的钱越来越多，越来越稳定。

理财重点：保持储存本金，并合理地购买债券、银行信托、分红险的养老金、子女教育金等形式的理财产品。

"标准普尔家庭资产象限图"里的这四个账户就好像一只大象的四条腿，有一条有问题马上就有可能发生危险。对于家庭理财而言，如果缺少了任何一个账户，则证明理财投资的组合是有问题的，是不科学的，必须马上进行调整，缺少哪个账户，应马上开始建立，不要等到真正需要的时候，那时就太晚了。

这四个账户需保持高度的平衡点，分别占家庭总资产的比例建议应为10%、20%、30%、40%。有的家庭对于保险的意识很差，觉得只要我们坚持锻炼就不可能出现健康问题，但是意外事故有谁也预料不到。还有的家庭对于养老基金不看好，他们认为只要我们年轻的时候多挣钱，等到老了，所有的钱不都变成了养老金？这种思路也有问题。谁能保证自己的职场一生都顺利，谁能保证每个成员的收入都稳定，谁能保证家庭每个人都不生病、都不会遇到突发事故或其他灾难呢？

因此，这四个账户是缺一不可、相辅相成的，共同保障家庭资产的安全、健康、长久、稳定。比如，有的家庭看到股市是牛市，就赶紧调整投资金额，这是很有风险的。还有的家庭看到楼市火热，就把养老的钱拿去投资房产，如果哪天楼市降温了，二手房也卖不出去该怎么办？

5. 守财，让财富金库固若金汤。

很多家庭特别会积累财富，也深谙投资理财之道，但对于保证财富的安全就有些力不从心了，不知道如何保证家庭财富不受莫名之灾，遇到一些突发的变故就不知道如何应对了。

由此可见，不管一个家庭的财富有多少，最重要的一个环节是守财，让好不容易通过储蓄、理财、投资所积累起来的资产一定不受到“伤害”。守住财富，也同样代表着资产增值。

那么，在家庭理财过程中，有哪些守财的秘诀呢？

第一大秘诀：挣一百元，存十元。对于这种守财行为，一定要下狠心，积不住财，就守不了财。只有把钱存进一个打不开的存钱罐，才有可能在日积月累中看到财富的上涨数字。只有敢于逼迫自己存款，才能让财越守越多。

第二大秘诀：该花的花，该扼杀的消费欲望也得扼杀。每个家庭都有很多的消费欲望，比如，今天我买了一辆车，到了下个月，我又想换台音响，再过一个月天气热了，又想把空调换一匹大的……就算我们挣再多的钱，也无法填满这些消费欲望。因此，我们要将家庭的正常开支、必需的支出放在消费的计划中，而那些并非必需的消费必须克服，必要的时候进行强制扼杀。比如，家庭购买理财产品是为了投资获取收益，而我们从一辆中档车换到高档车这就是消费了，这样的非必需消费慢慢变少，财富的积累才会越来越多。

第三大秘诀：让钱自己生钱。每个家庭的资产都不一样，但是想要让家庭资产迅速增值，让资产实现翻滚，让钱生钱是最好的方式。千万不能把家庭所有的资产放在定期存折上睡大觉，而应该让钱动起来。例如，有的国债产品可以达到 3 年 5%的稳定收益，甚至有的理财产品可能达到 8%的收益，敢于挑战风险，选择多款理财产品，钱生钱比起人挣工资的速度快上几倍。

第四大秘诀：千万不要陷入“债主成孙子”的境地。有的家庭遇到亲戚、关系很好的同事或多年交情的同学借钱，马上就同情心泛滥，等还钱期限到了后，一催，他们说马上还，再催，他们说等下个月，三催，他们有可能电话都换了。因此，借钱给他人也是一门技巧，最好的方式是借给可以信赖的人，并写上具有法律效应的正规借条，上面全名、身份证号码、手机、座机、家庭地址等详细情况一定要写清楚，未按期偿还需付多少利息等细节一定不能漏。最为保险的方式就是有抵押物，比如车子的行车证等。守财本来就是一件困难的事，借钱更需谨慎而行。而在购买理财产品的时候，也一定要擦亮双眼。有的担保公司以“高收益、高回报”等字眼来吸引眼球，一定要对其公司信用、合法程序、资金是否雄厚、是否有收益未兑现历史等情况要进行调查和分析，以免上当受骗。

第五大秘诀：规划未来才能“睡个安稳觉”。有的家庭在理财的时候，只顾着当前的资金充足和享受，却忽视了对未来的规划。最好的方式是为家庭所有成员买社会保险、医疗保险等，让以后的生活能够得到最大的保障。对于未来理财规划投资房产是一个好的方式，选择一处地段好、交通方便、升值空间大、好出租、增值潜力大的房产，可以实现在年纪大的时候卖掉套现，或者留给子女作为财产赠予。除了投资房产，选择基金定投也有很好的收益回报，风险也比较小，后期随着时间推移，可以看到复利的巨大威力。

第六大秘诀：肚子里有“货”，资产才能越理越多。很多人总是抱怨自己的资产一直处于原地踏步的状态，总是羡慕别人的房产越买越多，股票越涨越多，其实，最重要的原因是没有掌握相应的理财专业知识、投资技巧。因此，在我们进行家庭理财之前，要在网络上自学各种关于理财投资的理论知识，多向有经验的理财师和投资达人请教购买各种理财产品的操作流程和注意事项，最后，在实践中不断积累理财投资知识，只有掌握了各种理财技巧，资产才能越翻滚越多，财富就会越守越多。

我们在家庭理财的过程中，一定要将这六大秘诀融会贯通、活学活用，只有这样才能让家庭的财富堡垒十分坚固，任何外力都无法攻破，而且还可以让家庭资产实现迅速翻滚。

第四节 家庭资产的积累宝典

曾经有一个富商，因遭遇一场火灾，家都被烧光了。就在他无比绝望的时候，他在一片瓦片的底下看到了一枚金币。他想利用这枚金币东山再起。在别人看来，一枚金币什么也做不了。但在他家附近正好有很多采花工人，他看到了商机，用这枚金币买了一包白糖和一只碗，找邻居借了一个大罐子，并装满清水。他把罐子摆在路边，给每位采花工人一碗水，里面加一点糖。工人没有什么可以送他的，只好每个人送他一束花。他将这些花都卖掉了。这样一来，他每天都获得一些花，只用了几天时间，他就拥有了八枚金币。这个时候，富商看到了公园里有很多树叶和落叶，他买来几颗糖，找了一些小孩子们，请他们全部将树叶清扫到了一起。而一家陶瓷厂正在找柴火，他们找到富商买了这些柴火。富商又赚到了 16 个金币。这样一来，他一共攒了 24 枚金币。

富商在小镇的边沿架了十个罐子，这里有一千个农民在割草，他给他们糖水喝。为了表示感谢，他们每人给了一垛草给富商。富商这时听说有一个外省来的马夫带了一千匹马到小镇来。

马儿们没有吃的，马夫只得从富商手中买了一千捆草，富商由此又得到了一千金币。

马夫走了后，富商听闻有一艘大船要靠岸，便用刚赚的一千金币买下了港口所有货物。船上的商人想买货，却听说货物全被富商买走了，只得每人付给富商一千金币。

就这样，只经历了11个月，富商就恢复了之前的财富积蓄。

1. 先掘第一桶金，家庭积累财富有哪些“奇门异术”？

对于家庭理财而言，“掘取”第一桶金十分重要，这是家庭积累财富的第一步。那么，家庭积累财富的方法有哪些呢？一个家庭想要积累更多的资金，在掘取第一桶金的时候，我们要保持勤俭、抓住机遇，采取科学的理财战略。

比如，有的家庭除了工资之外还做些其他事情获得财富；有的家庭成员参加职业培训班，到工资更高的公司工作；有的家庭开小店当掌柜……更多的家庭会把理财作为积累财富的首选。

第一种方式：从事工作之外的第二职业，让家庭资产迅速增长。纵观如今的成功企业家，像马云，最开始积累资金的方式是通过卖塑胶花、低价买进汉卡再卖出去、推销中国黄页赚取了第一桶金。而对于普通家庭，积累第一桶金十分重要。

小张是某所高中的老师，却在毕业后五年时间里买了房子结了婚，全靠在外面开班做家教。最开始，他只是认真工作，在教学工作中兢兢业业。很快，两年的时间他就成了远近闻名的优秀老师。他的各种备课资料都成了老师们学习的模板，慢慢地，开始有老师邀请他对小孩进行补课了，每个小时费用是一百元。从那次起，他的“第二职业”的想法油然而生。从最开始的一周补一节课，到后来的每天都补，到了寒暑假，他几乎每天都给学生补课，而财富就在这个时候一两百地开始积累起来。就这样，他除了正常的教学之外，放学后他的第二职业变得十分火爆，很多学生的补课计划都排到了次月。学生们的成绩也慢慢有了好转，而他在五年的时间内，家庭财富积累到了30万元，他赶紧购买了一套新房。

小张的积累财富的过程正好代表了年青一代的赚钱方式，年青一代在正常工作之余，做一些自己特长的第二职业同样也可以获得收入。比如，现在有很多广告策划人员在做好广告创意的工作之余，凭着自己文字功底强、创意能力佳的优势，下班之后写一些文章投稿给杂志和报纸或写一些剧本来获得稿费，可以获得更多的收入。这个过程不仅对于积累财富有帮助，还有可能收获更多的人脉资源。

第二种方式：有的家庭成员参加职业培训班，提高自己，找到工资更高的公司。对于年轻的职场人士，通过充电寻找更好的、工资更高的公司。

小江是朋友圈里的“勇敢跳槽姐”，三年就炒了四个老板。当然，跳槽对于职场人士来说是件常见的事，诱人的工资标准和升职较快的公司是大多数职场人士的首选。但跳槽同样伴随着风险，若到了一家公司一切顺利，升职加薪才是成功的范例。如果跳槽的公司除了工资高，其他方面都不如当初的公司，则证明跳槽是失败的。小江毕业后在一家银行实习了两年，也学习了一些银行方面的知识。真正毕业后，银行却没有招人的计划，她只得去了一家投资公司。但一年后，有其他投资公司的老板以更高的薪资标准邀请她，她便立马换了工作。但进入公司之后她才发现，这家公司除了工资高之处，发展的平台还是十分小，没什么发展前景。她便留意各种招聘广告，很快，她在一家大型招聘网站上看到有一家外资银行在招人，她赶紧联系该公司并投了个人简历。经历了各种严酷的考试后，她终于进入了外资银行。在这个银行工作的一年多时间，她赚到了第一个 20 万，为家庭积累了第一笔资产。

当然，并不是每个职场人士都适合换工作的。职场人士在换工作之前必须弄清四个细节：第一是对于自己的自我解剖，到底是不是适合现在的工作；第二，对未来的职业是否有信心做得更好；第三，选定任何一个公司都必须做好职业规划，不能轻言放弃；第四，在找到新工作之前，做好本职工作，不要没找到工作就先失业了。

第三种方式：科学理财。

30 岁的赵先生夫妻两人四年前领了结婚证，婚后两人凭着科学的理财计划，存款从零到 30 万元。刚结婚时，夫妻二人因房款、车贷、酒席、旅游等方面，家庭资产只有两千元了，而且还有生小孩的计划。因此他们决定对消费进行严格控制，对理财进行科学规划，比如，每月最多花多少钱、每月花多少钱来购买理财产品。很快，用了三个月时间，赵先生的家庭就有了两万元存款。在结婚半年的时候，他们把家庭里的大部分钱都买了理财产品，五千元买了基金定投，一万元买了股票。到结婚后四年，赵先生的家庭已经积累了 30 万元，理财规则和严格的消费控制起了很大的作用。

很多家庭理财的时候总有前怕狼后怕虎的心理，想积累财富，却又怕投资了理财产品会亏本，最后总是在理财的过程中停停顿顿，因此错过了理财的良好机会。从赵先生的理财经历中可以看到，理财是一件需要长期坚持的事情，对于理财产品要认真挑选，将风险降至最低，积累家庭财富也不是一件难事。

第四种方式：开店自己当老板。特别是很多刚结婚的家庭，选择这样的方式可以迅速地积累资金。小田就是自己开店的典范，他在两年时间内靠开店为家庭积累了 40 万的资金。开店是刚结婚的家庭最好的积累资金的方式。但很多家庭会有顾虑，比如说很多家庭对于开店所需的启动资金总是很担忧，觉得这一笔钱很多，生怕凑不齐。就算启动资金凑齐了，又担心会亏本，怕一下子店里没生意就会亏本。还有的家庭对于开店的时间安排有顾虑，想保证正常工作的情况下开店，这样可以保证收入。如果全力开店，又怕赚不到钱、收入没有保证。我们应该这样想，不管有什么难题，勇敢地进行市场调研，把店开起来才是王道。任何难题都是可以解决的。比如，开实体店成本高，可以先从虚拟网店、微店等开始，不用付租金，只需购置产品。关于风险问题也可以有办法，像小田本身是学画画的，他将自己画的画装裱后在网店销售。小田开始就是在下班时间做网店，随着生意的逐步扩大，他们夫妻俩都辞职，专职开店，只用两年时间就为家庭积累了 40 万元。

在掘取第一桶金之前，我们必须认真做好规划，不可有暴富的心理。

那么，积累家庭资金有哪些问题要注意呢？

第一，在职场上要保持理性的态度。在毕业之前就要对自己的未来进行规划，找到一个适合自己也有发展平台的公司是很重要的，这利于家庭资产的积累。我们应时刻保持清醒和理性的工作态度，多“充电”，如果有更好的工作平台，可以尝试更换工作。当然，这之前必须做一个良好的职业规划，找到一个薪资更高、升职空间更大的公司。只有做好职业发展规划，才能在掘取第一桶金的时候让自己有力量和能力。

第二，必须拥有科学的理财理念。根据家庭资产情况和风险承受能力来制订理财计划，在家庭理财过程中最好以守为主，一部分资金用于选取一些以守为关键词的理财产品，这类理财产品相对而言风险较小，可以满足家庭日常支出的要求。一部分资金选择稳健型理财产品，这类产品比定期存在银行的收益要高。一部分资金作为定期存款。选择适量资金进行基金定投，可以获得稳定的收益。

第三，对于各种银行理财产品的风险要做一个全方位的了解，避免选择风险较大的理财产品，这样不仅没有获得收益，反而使家庭资产出现损失。

投资者对于众多的理财产品需了解和认真分析，对于风险程度进行详细的分类，最好的方式是选择低风险而稳健的产品。例如，有的理财产品自称收益率是同期限存款利率两倍以上，这个时候就应该对该理财产品的产品说明书认真研读，对于风险等级、预期收益、提前终止权、相关费用及持有时间等专业方面进行认真了解。

各个家庭在积累家庭财富的过程中，保持稳健的投资战略才是最重要的。有的家庭在积累财富时总是会有这样或那样的担忧，怕收入不够，又怕每个月开支太多存不下钱，总觉得积累第一桶金是不可能完成的事情。因此，对于家庭理财来说，要敢于开始，敢于执行。从当月开始，就算当月只有五百元余款也要开始。五百元可以做基金定投或者零存整取，到了二十年之后，将会有大收获。家庭理财能够成功的要素主要有两个：赶早和坚持不懈。在家庭成员努力工作的将来，工资水平会越来越高，因此，在规划好支出费用之后，积累资金也是一件十分容易的事情了，快则三年，慢则五年，家庭资产的积累将会有一个可观的总金额。同时，在规划理财投资的时候要保持高度的理性和冷静，不贪图高收益，要保持心静如水的态度，对任何一笔投资都要三思而后行。

2. 增加收入的方法和防止家庭财富“缩水”的技巧。

在家庭理财的过程中，财富的积累是第一步，而在积累财富的时候，最怕的就是财富“缩水”。

我们首先来看财富积累的组成。简单来说，一个家庭所有成员的总收入减去当月所有的日常开支，即是当月家庭总积累资金。因此，我们想要积累大量的资金，要两个步骤一起走，一方面不断让收入增长，另一方面大力降低支出费用。

增加家庭成员收入的方法有以下几种：

第一种：让工资涨起来。让每一个家庭成员都为家庭理财出一份力，召开家庭会议，对家庭成员进行动员，保证每一个人都能认真工作、保持激情、做出成绩。争取在最短的时间内发生职位的变化，让涨工资成为每一个家庭成员的任务。

第二种：用家庭财富投资一套房产。随着房价的不断疯涨，购买房产是一种很好的投资方式。在房市低谷的时候，进行抄底投资，在房价高涨的时候再出手，可以获得高额的利润。当然，国家经常对于房地产市场出台一些调控政策，因此，投资者要看好出手的时机，同时出售的时机也要恰到好处。

第三种：因银行活期和定期存款的利息太低，可以将资金进行炒股投资，寻找一些潜力股，很快就可以看到资产的翻滚。

第四种：在家庭财富积累到一定阶段时及时进行理财投资规划。选择一些有固定收益的理财产品，如投资门槛低、风险低、年收益率相对稳定的理财产品。

让家庭支出消费达到一个严格控制的水平，逐步减少不必要的支出，有以下几种方法。

第一，养成“一元钱当两元钱花”的消费理念。在家庭理财过程中，有的消费非必需，就要学会控制自己的消费欲望。严格按照家庭的理财计划中的消费数额来安排支出，不得随意增加支出项目。并根据当月的支出情况计算次月的支出数额。比如，多在家做饭可以保证食品安全和洁净，在外吃饭时也多参加团购打折活动；多坐地铁和公交车这类公共交通工具，体验低碳生活，还可以防止堵车造成的迟到。把节俭当成一种习惯，根据家庭的实际情况来进行消费，少做提前消费，例如，在手机的选择上，最好是选择实用性强的，因为手机等电子商品更新换代频率太高，基本上一年就有一种新产品推出来，如果一直追逐购买，根本没有尽头。最好的方式是选择一款与工作、生活匹配的手机即可。打电话、手机上网、看视频等功能基本上就可以满足平时的生活了。

在家庭积累财富的阶段，一切以实用、好用为原则，消费时没有必要以“只买最贵，不买最好”为原则。只有这样，很多非必需的消费才可以避免。

第二，做好家庭账目。要做好每一笔消费的记录，用在哪里，花了多少，每个月做一次分析和统计。并对各种消费记录进行分类，如必需支出项目、冲动支出项目、非必需品的购买等。有了这些记录，下个月消费时就有了比较，不再做或减少一些不必要的消费和冲动消费，时间长了，这部分控制下来的消费就十分可观了。

第三，在家庭购物上，可以多选择网购，例如在各大网店买家电、家具等物品比专卖店要节省20%~40%左右。因为网店无店面租金，因此很多商品有价格优势，而且现在的网店搜索功能也十分强大，可以多对比几家网店，找到一个性价比最高的店，为家庭财富积累更多的资金。

第四，可以给家庭成员购买医疗保险、意外保险等险种，如果有家庭成员发生事故、突发状况，不至于让家庭为了救急而“倾家荡产”。

第五，多学几门技术，技多不压身。比如像家中的电器、各种柜子、卫生间洁具等常常会出现毛病，维修一次就要花费一笔费用。如果家庭成员中有人会修这些东西，只需要花很少的钱购买零件就可以了，维修费用几乎为零，可以为家庭财富又节约一笔开支，短时间内来看，这笔钱不算多，算是如果是长期节约下来，这笔钱的数目也是惊人的。家庭成员对于维修工作很擅长的话，比如有的家具需要更换一些部件就可以使用更长时间，自己进行更换可以让家电、家具、洁具的使用时间更长久，这样就可以不必购买新的而出现新的消费了。

第六，多做运动，让家庭成员都有一个健康的体魄，身体好自然就少生病，可以在看病上面少花钱。现在生一次病，少则几百元、多则上千元的治疗费用常常让很多家庭望而却步。如果得了重病，就有可能让一个家庭花掉所有的积蓄。因此，让每一个家庭成员都积极地锻炼，保持身体的强健，也从另外一个角度为家庭理财出了力。坚持每天跑步、做操等运动，早睡早起、多出门走走，可以让身体保持在一个充满活力的状态，让家庭支出一栏的健康支出减至为零。

当然，积累家庭财富的方法很多，而且很多方法都需要每个家庭在平时的实践的过程中去总结和分析。但让家庭收入增多、降低消费支出仍是根本，只有每个家庭成员在家庭理财过程中积极为理财出力，才能让家庭财富迅速地得到积累。

3. 家庭财富积累过程中的意识修炼。

很多家庭对于家庭理财并没有大的概念，在他们眼中，理财就是把钱全部存在银行就对了，因此，这样的家庭越来越多，而且财富缩水得也很厉害。因为随着通货膨胀的加剧、经济的迅速发展，银行利息低，十年前的十万元到了今天只值五万到六万了。

只有拥有了科学的理财观念，从实际行动上精打细算，用好每一分钱，在家庭各种收入和消费支出的平衡上做到最好，才能让家庭财富的积累的能力迅速提高。

例如每天的花费、买家具、旅游费用、购买股票基金、买房购车、教育经费、晚年保险等到方面都属于家庭理财的细节部分，只有将这些细节逐一落实到位，做到真正有计划、有规划地实施，才能让家庭理财之路走向正轨。

科学的理财观念可以让家庭理财走向健康之路，让家庭财富迅速积累到一个可观的数值。

那么，我们在家庭财富的积累过程中应该拥有哪些意识修炼呢？

第一，要有家庭理财的意识，从内心接受理财规划。很多家庭羡慕那些资产雄厚的家庭，而不去为之努力，只能落后。这些家庭都没有将家庭理财当成一种积累财富的途径。其实，只有真正实施家庭理财，才能在不断理财的过程中让家庭的财富实现倍增，让家庭财富越来越多，让家庭存款越来越多。

科学地进行家庭理财，可以让每一分钱都发挥它的巨大作用，让钱可以生钱，让各种理财产品的收益不断增加。每一个想让家庭资产迅速实现翻滚的家庭就要尽快加入家庭理财的队伍中来，让家庭资产得到增值，对家庭的每一笔收入进行统计和管理，对每一笔支出消费进行预算和计划，在收入和支出中得到一个良好的调配，让财富积累得到最大化。让理财这个意识和观念深入每一个家庭成员的脑中，只有具有理财的意识，将理财实施，才有可能让家庭资产迅速翻滚。

第二，家庭理财要有坚持不懈的恒心。很多家庭总梦想着一夜暴富，但事实上这种概率与中彩票的概率一样低。其实，要想理财成功，必须拥有一颗坚持不懈的恒心。在理财的过程中都要保持着十二分的耐心，持之以恒，让家庭的资产实现翻滚就不是一件难事。例如“股神”巴菲特的积累财富的过程也是从 100 美元开始的，他通过买股票等各种投资方式理财了 40 多年，最后他才会拥有 300 亿美元的资产。巴菲特投资理财的秘诀很多，比如他将赚来的钱再进行投资，让复利效力发挥最大的能量。因此，要想把家庭理财做好，把心态摆正，以坚持不懈的恒心来积累财富，资产增值的梦想在未来的几十年里会得到实现。

第三，家庭理财是一条漫长之路。家庭理财是一门高深的学问，如果把过程写出来，可以写成一本厚厚的书了，我们要按照家庭理财计划书的各项要求，一项一项地去执行，在日常生活中不断强化家庭成员的理财意识，时刻想着节约，对于各种不必要的消费和支出坚持抵制，在各种消费过程中以科学消费、实用消费为主，避免冲动消费。在家庭理财的过程中，不断进行总结和分析，发现问题后迅速解决，严格按照家庭制订的理财计划书运用理财技巧去执行。

有了以上三种意识修炼之后，就可以开始进行家庭理财了。比如刚组建的家庭的理财任务就是想方设法增加工资收入，存钱和理财双管齐下，在平时的消费过程中严格控制不必要的支出。如果是已经有财富积累的家庭可以将资产分割成三份：银行定期存款，投资一套房屋，第三部分资金用于理财投资，如股票、基金、证券等。

家庭理财中对于财富的积累过程是一场马拉松，并非一朝一夕就可以看得到成效，但坚持下来就会可观的收益。

因此，掌握了相应的理财技巧和知识，家庭理财并非难事，现在就开始，资产翻滚将会很快实现。

4. 富翁家庭积累财富的八大攻略。

在理财界，有很多认不出来的富翁，他们看起来和常人无异，

吃素菜，只是表明了对于消费支出的严格控制，不做无用的消费，将家庭的各种不必要的支出控制到最少，而这样节省下来的钱可以用来理财投资。如果普通家庭在平时的生活中过于奢侈，那么积累财富的困难就十分大。普通的家庭一定要学习这种注重理财，忽略物质享受，严格按照已经制定的理财计划来实施理财行为，在消费和支出之间找到一个平衡点，这样一来，财富就会很快积累起来了。

第三，活到老，学到老，一生都要学习。大多数家庭认为大学毕业了就意味着教育的结束，而富翁家庭却认为教育和学习是一辈子的事情。在我们获得财富的时候，应该意识到这一点，有着高学历、高文化、高技术的人才才有可能得到高收入。但是，当我们踏上工作岗位之后，一样可以不断来提升自身的综合实力。比如，我们在上班的时候，利用下班时间、休息时间，学上一门专业知识，考下职业资格证，如律师证、会计证、建筑师证等，这样的学习机会以及获得的知识，可以帮我们拓宽人脉圈，因此，在同等的工作机会上，可以获得与他人不一样的薪资水平。当我们工资高了之后，可以有更多的钱来用于投资和理财，然后获得更多的收益。而我们通过工作之外的学习和充电，也可以在工作之余做其他兼职，比如写稿、做设计、写方案等，也可以一个月获得几百甚至上千元。因此，我们要学习富翁家庭的这种不断学习的精神，只有掌握了知识，才能更加丰富自己，才能赚更多的钱。

第四，专业好，好赚钱。对于大多数家庭来说，开公司是一条积累财富的好道路，但开公司首先需要有大额的启动资金，因此，大多数的家庭成员还是做打工一族。那么，要想为家庭积累更多的资金，选择一个工资高的工作是唯一的途径。工资高的工作人人都想要，但往往只有少数这样的岗位空缺。因此，我们想要拥有这样的工作，必须付出比常人多很多倍的努力和奋斗，在竞争中打败对手，才能赢得令无数人羡慕的高薪工作。选择一个有前景、有发展的好专业，将是我们以后积累财富的重要途径，我们要在这一专业上做出成绩、成为此专业方面的顶尖人才，达到工作的巅峰之地，这样才能尽快拿到高薪，积累更多的财富。因为从一些高薪专业人士的工作经历来看，他们有可能一个月的收入要抵得上有的普通专业人员一年的收入，我们必须选择一项有前景的专业，努力奋斗，为以后的家庭财富的积累付出自身最大的努力。

大多数的富翁家庭都是将高薪的工作当成成功的标准，一生都努力为之奋斗，因此，他们的收入迅速递增，当普通家庭一个月的收入一两万元时，他们的收入已达到了八到十万元，而且他们的收入还在逐年增加。

第五，什么都赶早准没错。著名作家张爱玲说过一句名言：成名要趁早。同样，在积蓄财富方面也要赶早，很多人总是说

因此，经常会出现投资失误的情况，出现巨大的损失。而富翁家庭对于理财和投资方面则是十分谨慎，每一笔投资都会十分小心。因为这样的家庭深知积累财富的不易，并且每一笔投资都数额不菲，因此他们投资起来才会更加小心。比如，他们从来不做大风险的投资产品，他们知道大风险虽然有大收益，但出现赔本的情况出现的可能性也更大。在富翁家庭的投资理念中，稳中求胜是首要原则，购买的理财产品、股票产品也是以分散为主，这样可以最大限度地降低风险，而且也同时能获得更多的收益。

第五节　家庭理财，“省”字是绝招

如何让资产增值，家庭理财的关键是“省”字。从小事开始省，从200元的外套省到买100元的外套，从6000元的笔记本省到购买4000元的笔记本……总之，积少成多、集腋成裘，很快，省出来的钱就堆成了黄金大山，资产迅速地得到了积累。

一个男人向女人说：“我要买一台车。”

女人大惊说：“你疯了吗？每天坐公交车不是很方便吗，买什么车？”

男人自豪地说：“放心，我只是把10元变成10万元，钱不是省出来的，不会花钱，怎么会赚钱。你看我怎么从生活中省出这10万元来。”

男人说做就做，把平时很犹豫不决的小说进行商业化的包装，向出版了各大畅销书的出版社投稿。在平时生活中，他不再买名包、名表、名牌服装，每月的生活费由几千变成几百，出去应酬

商场一看，这个好看，买，刷卡，另一个好用，买，刷卡……消费一万至两万，远远超过了预算，可是买了的东西碍于面子也不好意思退货，只能独自神伤了。这种消费观念是十分不对的。

购物也是一门技术活，出门之前列出购物清单是一种十分理智的消费行为，体现了家庭成员节省的最高境界。购物清单可以让此次消费的目的十分明确，要买哪些东西，哪些是必需品，哪些是可用可不用的，哪些是享受型的物品，一目了然。列出了消费清单后，再进行统计，计算所有物品的总消费金额，这是省钱的最重要的一步。算好金额后，把不是必需品的可以一个一个删除，享受型的物品对于生活品质没有作用的，也可以一个个删除，只剩下家庭最需要买的物品，这就叫花钱花在刀刃上。

很多家庭购物十分“土豪”，带着一大把现金，看中某个物品，把钱往收银台上一丢，动作确实十分潇洒，可是这样有时很危险，会被小偷盯上。第二种方式，刷卡，其实银行卡的好处是购物方便，只需输入密码即可买东西对于高收入人群，银行卡只是数字，钱花出去根本没有概念。但对于低收入家庭，银行卡也十分危险，有了卡就想着消费，一些善于理财的家庭主妇把家里的大部分银行卡里的钱存到存折中，断了自己购物的冲动和欲望。

对于年轻一族还有一个购物利器：信用卡。信用卡可谓是购物路上最美好的宝物了。一万到两万的额度，想买啥就买啥，看到喜欢的，就把卡拿出来一刷，密码一按，东西就是你的了。但最悲剧的是，等收到消费清单和还款信时，绝对是信用卡控们最头痛的事情，低则几千的还款清单，高则一两万的“催款炸弹”让他们后悔莫及。

其实，对于信用卡消费，理智和控制十分重要，巧用信用卡消费，不仅可以带来很多节省，还能让自己得到快乐。最常见的就是信用卡和联盟商家会有一系列的折扣优惠，这些优惠都是白送的，不用白不用，让信用卡购物带来真正的“喜刷刷”，而不是不敢刷和“苦刷刷”。用着低价、吃着高端的食品，是多么美好的一件事啊！

在平时的购物中，一般情况下的消费都是透明的，但有的时候也不尽然，有的打折很疯狂的消费也有可能是陷阱。笔者就曾经经历过一次，一家烤鱼店门口写着“烤鱼吃一斤送一斤”，多么划算的广告。于是赶紧进去消费，先点个三斤。一阵风云残云间，笔者吃完了，爽快地喊服务员埋单。一看单据，一分钱也没有少，笔者疑惑万分，问：“门口不是写着烤鱼吃一斤送一斤吗？”服务员一本正经地答复是，但是必须下次吃才能使用。笔者怒然结账，这不是欺骗食客吗？从此便不再去那家店消费。这种类似的消费陷阱虽然一时骗得了客户的欣喜，但长久以后，怎会还有客户去上当，没有了信誉顾客也会越来越少。

消费的时候，购买者绝对没有卖东西的人算得精明，作为“省字号”人士，见到打折促销的好事情，有时也要认真考核，进

第六节　品质生活，从“透支”未来开始

在一个小城镇里有一对亲兄弟，哥哥是农民，每个月辛苦劳动，把攒的每一分钱都存到了银行，心想总有一天可以凭自己的努力建一栋属于自己的房子。弟弟在城里打工，对每一份工作都十分用心，做一行爱一行，他甚至同时做几份兼职，就是为了赚到第一桶金。两人过年吃年夜饭时，相互聊天时都说自己想有一套自己的房子。哥哥说：“等我攒够了 40 万，我建一栋自己的房子。”弟弟说：“等我存够了 12 万，我就贷款买一套房。”哥哥嘲笑弟弟胆子太大，要是自己生病了挣不到钱，月供还不上，银行把房子收回去怎么办？两人不欢而散。

两年后，哥哥终于挣到了十万元，弟弟挣到了 13 万。弟弟拿着贷款买的房门钥匙对哥哥说：“哥，你也去城里贷款买套房吧。”哥哥却说：“不行，我还是先住着土砖屋吧，等钱够了我再一次性建一栋私房。”就这样，两兄弟享受着不一样的人生。五年后，弟弟房子的房价翻了一番，而且贷款还了一大部分。哥哥的

40 万目标还差几万元，两人这些年的生活有着天壤之别。

1. 做信用卡的“主人”，才能花得开心、省得舒心。

各大银行都有信用卡，每次到银行存钱或取钱时，都被柜员或者大厅客户经理“围攻”，比如“刷卡八笔可以送旅行箱一个”“刷卡积分达到多少可以送××礼品一个”。大多数白领手上都有三至五张信用卡了，有时没有一张信用卡都不好意思说自己是年轻人。其实使用信用卡也是有技巧的，信用卡可以帮我们提前享受精致的生活，同时可以通过各种省钱的攻略来做到“有能力花，就有能力还”。信用卡不仅像平时的储蓄卡一样有存钱和取钱的功能，更大的功能是它成了我们的朋友，成了我们的理财帮手。我们可以体会“先享受，后还账”的方式，所谓“今朝有酒今朝醉”的豪气。我们要将信用卡的各种技巧都弄清楚，让它成为我们提前消费的理财方式之一，不仅让我们省很多钱，更能提高我们的生活水平，只要用得好，我们就可以不做“卡奴”，而要做“卡神”。

那么，使用信用卡到底有哪些“奇招妙术”呢？

第一，信用卡有个槛千万别越过：能免息当然不需要付利息。当我们拿到一张新的信用卡的时候，一定要仔细阅读银行寄来的《信用卡使用说明》，最重要的地方就是账单日和到期还款日。比如说账单日是 10 号，我们就要及时到网上查看本期该还多少钱，

“拉卡拉”还款，十分方便，带上自己的任何一个银联卡的储蓄卡，可以还款到任何一家其他银行的信用卡里面，十分快捷且便利。还可以采用网银的方式，现在大多数银行的网银都采取免费的模式，只要安装一个安全控件，还款只需要几秒钟。第三种方式是手机银行还款，现在大多数人都用的是智能手机，安装一个手机银行，不用去银行柜台，不需要电脑就可以轻松还款，一台手机就可以轻松搞定。还可以采用微信支付的方式，绑定一个信用卡的公众号，直接还款，和柜台还款永远说再见。微信支付不受时间和空间的限制，而且有还款提醒功能，提前设置每次还款时间，可以让“手机机器人”帮我们安排好一切。

第六，在境外消费一定要认清银联标志。出国旅游时最好的支付方式是刷带有银联标志的信用卡，而且这个信用卡最好拥有外币支付功能。比如说有的信用卡是人民币三万额度，美元一万的额度，这样就可以轻松在美国消费了。若你的卡没有银联标志和 VISA 的标志，那么有的 ATM 机和 POS 终端是不能刷这种卡的。

第七，在信用卡使用不了的情况下，千万不要慌，有两个电话必须记清楚。最好的方式是存在手机通信录里面。第一个是中国银联的统一客服热线：95516。任何银联卡的情况都可以打这个电话咨询，比如卡刷不了、卡被锁等情况。第二个电话是所使用的信用卡银行的客服，比如出现莫名的扣款、信用卡遗失、被人盗刷等，一定要第一时间打电话咨询或者挂失处理。

第八，关注优惠，有便宜就占。大多数信用卡网站会发布一些刷满多少钱、多少笔就可以领取旅行箱、化妆包、充电宝等各种有趣的小礼物。本来我们就要消费，如果能顺便占一下便宜也未尝不可，有的信用卡用户家里会专门用一个柜子放满各种刷卡优惠、积分换礼的礼物。

第九，尽量不用借记卡，信用卡可以获得更多的积分机会。比如我们在外面吃饭、看电影、购物的时候，经常会遇到信用卡打八折，或有积分换礼、抽奖活动，如果这个时候我们还老套的用借记卡来埋单，那就与各种对换的礼物擦身而过了。如果没有积分和打折的活动，当然我们用借记卡就行了，所谓交叉使用、合理使用的话，可以得到更多的实惠，让我们在理财之路上走得更远，可以大大提升我们的生活质量。

第十，对于信用卡我们要了如指掌。有的朋友拿到了信用卡之后，只顾着不停地刷卡，对于信用额度根本不关心，经常还没有到月底就已经把卡刷爆了，还有一种情况就是到了还款日期也忘了还款。这样恶性循环下去，是一种十分坏的理财习惯。那么，我们应该怎么做呢？首先，我们要对信用卡了如指掌。每次刷完卡后认真看手机短信，了解自己的卡还有多少额度可以用。不要等到刷爆才去后悔。使用信用卡的原则是既要节制，又要细心，让每一笔消费有道理，不能看到卡里面有钱就疯狂地刷。因此，

第七节 安全理财，让资产翻滚的“良药”——银行储蓄

小明和小红是兄妹，小明花钱很大方，经常会请朋友、同事、亲戚去外面吃饭、唱歌，到各种消费的地方去玩。而小红消费很节制，一到发工资的日期就马上跑到银行把工资存上，只留下少量的钱来生活。

小明一个月一万元工资，小红一个月 8000 元工资。小明每天穿得光鲜靓丽，出入各种场合，而小红则总是那么几套衣服，很少购物。每次到月底的时候，小明就开始出现“经济危机”，月初的时候他每次都会打车上下班，而到了月底只能借妹妹的钱出行了。几年后，小明依然是月光族，而小红账户上的存款已经达到了六位数，马上准备用这笔钱贷款置办自己的第一套房产了。

俗话说“备好粮食好过冬”，储蓄是每个人生活中不可或缺的一部分，它也是永远不会落伍的投资理财工具。尽管人民币储蓄存款利率一降再降，但银行储蓄对于普通家庭来说始终必不可少。

将钱存进银行不仅安全、放心，最重要的是还有相应的利息收益，对于投资理财渠道较少的人，银行储蓄是一个不错的选择。那么，银行储蓄就是简单地把钱放在银行账户上面吗?

其实不然，银行储蓄也是有一定的技巧可言的，存对了，我们的存款就自动开启了一道智能锁；存错了，利息收入也会获取很少。因此，要想让储蓄变为良好的理财渠道，才能让储蓄变得“高枕无忧”。

银行储蓄的九个要点：

第一个要点：用自己的名字开户存钱。我们经常在网络上看到一些贪官把钱存在妻子、小孩和亲戚的名下，当然，这是他们的侥幸心理，因为他们不知道什么时候会被查。对于我们普通老百姓而言，银行储蓄最好是用自己的身份证来开户。用自己的身份来开户有几大好处：第一可以及时查询自己的余额；第二，可以随时支取五万以上的大额存款；第三，转账数额较大时，很少出现麻烦。银行也有规定，大部分银行业务都需要本人持身份证前往，如果本人来不了，必须出具公证处的委托证明原件，程序十分复杂。比如，曾经有新闻就报道过，有一位九十多岁的老人生病了，家人想把存折里的钱取出来，可是银行却要本人办理，最后，老人的子女只好用担架把老人抬到银行。

第二个要点：预留一组不易破解的密码。数学中，六个数字的组合有 100 万种不同的可能，只要密码设好了，就会为存单打造

当我们拿到存折和银行卡对账单时，应认真核对，比如，我们的户名是否和身份证一致，存期是不是自己意愿的，存款的金额有没有多一个零或少一个零，但如果多一个零，也一定要及时向工作人员反映，把钱退回去。

有时如果运气不好，遇到银行新入职的柜员第一次操作，有可能将我们的名字打成了同音字，或者将五万元的小数点打错了一个位置，如果当时我们走出银行，那么之后就得多跑一趟了。因此，必须让错误消失在银行大厅里。如果时间过得久，会存在有理说不清，或者自己也不能肯定的情形，更改起来也会比较麻烦。

第七个要点：到期转存的钱不要还让它躺在那里白白“沉睡”。定期存单到期后应及时提取或转存。现在的银行都有自动转存，如果是不急于使用的资金可以自动转存，这样避免因为疏忽而没有转存的资金的潜在危险。

第八个要点：现金巧妙“搬家”。电影《天下无贼》里的“傻根”怀揣现金上路一路被人惦记。而在青岛日资企业工作的女白领青青日前跳槽到了上海，青青收拾“辎重”奔向上海，听说存在当地银行的存折不能跨省取款于是她只好把钱都取出来，但两地相距数百公里，十几万现金携带风险较大，在银行工作的好朋友小雯告诉她，储蓄异地托收方式是个不错的选择，各家银行都有此项业务。各银行异地储蓄存款托收业务的收费标准不同，一般是按托收存款金额的8‰至10‰的标准收费。但它胜在省心省事。

第九个要点：选择靠谱的银行存款。在犯罪分子日益猖獗的今天，新闻中报道被人冒领、恶意支取的例子不少。湖北荆州监利的孙先生，卡里四万块钱被盗，后来他才知道两个与他前一天晚上前后在一家 ATM 机取款的储户卡里的钱都被盗。但是这家银行没有监控摄像头，还有追回来的可能性吗？存款“工、农、中、建、交”五大国有银行是首选，硬件一流；股份制银行、外资银行虽然在服务或利率回报上有优势，但网点配套不足。随着《存款保险法》的出台，内地银行破产，给储户的最高赔偿为 50 万，因此钱存银行也有一定的风险，存款前要看看这家银行的实力、未来这家银行是不是会破产，等等。

收益率背后的风险。但是就算同类理财产品，在不同的银行里的预期收益也可能不同，那么投资者一定要“货比三家”再出手，毕竟不是去菜场买根葱那么简单。

2.“借我一双慧眼，把期限看个清楚明白真切”。

你以为理财产品买到之日就开始计息吗？

深圳的李老板购买了一款为期21天的理财产品，投资金额为50万元。他本意是先投一部分资金，看看到账之后的实际收益，再决定后续的资金是否要追加进去。21天之后，刘先生查了查账户，钱面上没有变化，于是疑惑的他给客户经理打电话，对方说：“您的钱还需要九天才能到账。”为什么21天的理财产品时间被拉长到了30天呢？原来，这款理财产品在正式计算利息（以下称起息）之前有一个为期7天的认购募集期，产品到期后还有一个为期2天清算期（又称赎回期），如果中间包括周末休息日或节假日的话，则还要顺延，最长可产生11天的“空窗期”。

现在你是不是恍然大悟了？所以，弄清楚一款产品的两个时间节点很重要，我们要尽量缩短认购募集期，降低收益被注水稀释的程度。如果正好在做组合投资的话，各种时间更要弄清楚，不要出现这笔投资取不出来，那笔投资暂时不能投，两边都耗着，资本世界的时间可是非常宝贵的。很多人不知道几乎大多数银行在春节长假期间是不计利息的，所以千万不要选择春节时做交易，白白损失利息。

3.“该出手时就出手”，抓准过节契机购买理财产品。

大家都知道，逢年过节、“双十一”、“双十二”等线上线下的海量商品会打折促销，而且打折力度比平时都大，许多精明的消费者会在这个时候出手购买。但大家不知道的是，银行也很喜欢在节假日大打折扣，吸引眼球。以前季末、半年、年底是银行的考核期，银行出于吸纳资金的目的，发行“冲时点”较高收益的理财产品。但近几年，随着银监会、财政部、央行等“大佬们”将时点法改为平均法，“冲时点”的风向标跟着转向，现在各个节日成为新宠，比如重阳节、端午节、教师节、春节等。银行的做法是提前一到两周推出节日理财产品，预期的收益率比平时的同类产品更高。这样，许多精明的购买者不在商场血拼花银子，转而到银行扎堆抢购节日理财产品。

市民周先生就是其中的代表。3 月份，他手里有一笔闲钱准备投资银行理财产品，银行会在端午节的时候推出高收益的理财产品，周先生先按兵不动，等它推出“端午款”的时候，周先生马上出手了已经心仪的产品。这款产品的收益率比节前高出了 0.4%。不过，正是因为这类产品的预期收益相对较高，发行几小时就会被抢光，所以要提前打探，做到心中有数，一经推出，立刻下手，快、准、狠才能抢到“一杯羹”。另外，投资者在临近春节的前夕可以密切关注与市场利率挂钩的理财产品，这类产品的收益率变化可以当作整个理财产品的收益风向标。春节前一般会有理财产品发行的小高潮，瞄准的是大家荷包里的年终奖，而有盈余的投资者也不妨利用这个契机，把年终奖红包领到手。

4. 进门者要弄清楚的一些“门槛”费用名目。

初次投资金融产品的朋友，可能被银行推出的各种收益率的数字所吸引进而出手。此时，请不要忽略各项交易费用，前面说了，我们追求的是最大的利益，那么任何消耗一定要在支出上记上一笔，刨开必要的费用，从而得出最精确的收益率。目前，银行的投资产品费率有认购费（也叫申购费）、赎回费、产品年管理费、年托管费、超额收益业绩报酬等。

笔者的一个女性朋友就曾经兴冲冲地购买了一个民生银行的基金产品，银行经理当时说的是预计收益率在10%左右。她一冲动，把还未到期的一张定期卡里的钱提前支取了，加上夫妻俩的年终奖统统投进去，结果，这个产品的交易费用有好几项累加，积水成河、积土成山，损失的都是最后的收益。我的朋友大喊“坑爹”，折腾一阵后发现，其实收益比之前的定期储蓄也高不了多少。看来，银行理财的数字游戏并不像表面看上去的那么

简单，并不能仅对收益率做计算，一定要全盘计算，才能成为真正的赢家。

银行不同，收费的项目名称和费率也不尽相同，即使你看的是同一款产品，也会有浮动，了解每一个产品的所有费用清，每换一家银行后，再次询问，不要自以为是。投资保险的做法是事前熟悉，对自己的荷包负责。

5. 不要只盯着大银行。

有这样一些人，他们穿衣、买包、消费起来都名牌，投资也养成了一种思维定式，动辄只看大银行推出的理财产品。但还有这样一批人，他们关注一切银行的理财产品，大到“四大国行”，小到本市的一些商业银行、股份银行……结果就发现：几乎所有中小型银行的理财产品预期收益率都高过大银行。原因是中小银行受网点数量少、地域性特征的限制，与网点密集方便、知名度高的大银行分的抢占理财产品这块大蛋糕，处于天然下风口，为了吸引投资者，势必用更高的收益率来搏杀。

预期收益率按大小来排个名：第一名，小规模股份制银行和本地城市银行；第二名，规模较大的股份制银行，比如兴业银行、光大银行、华夏银行等；排在最后的是大型国有银行，名单就不赘言了。

这个排名是不是让你大跌眼镜？有投资人不服气，大银行的理财产品比中小银行的产品更靠谱，更加让人信赖，风险也更低，选择大银行没错。其实，说这话的人认识片面了，目前市面上的理财产品到期对付率达到 99.9%，可以说，风险基本为零。而银行的规模大小与理财产品的风险不挂钩，理财产品的风险来自理财的类别，甚至有小银行在招徕资金时，运营的情况比大银行还要理想。实力雄厚的投资者选择知名的大银行，而普通的投资者可以去选择身边的小银行。

6. 理财产品赎回日和到账日不能画上等号。

投资银行理财产品的朋友们，一定要明确的一个概念是，赎回日不等于到账日。目前，各家银行对理财资金到账日的规定从两到七天各不相同，但有一点一致，产品到期日，你认为的就是银行理财产品上标明的日期，它不是实际银行投资运作后的资金到账日。

餐饮老板王嘉曾经被这个规定砸得“眼冒金星”。王嘉 6 月底要进一大批原材料，于是，他提前三天在银行赎回自己的 150 万基金，可是当他 6 月 30 日到银行支取这笔钱时，却被告知资金还没有到账，马上要付 100 多万货款的王嘉急得大呼：“不是已经过了赎回日三天了吗，怎么还没有到账？王嘉以为这款理财产品和股票一样，第二天就可以支取资金，谁知，那个月还穿插了一个节假日，顺延了一天，产品到期之后六天才能到账。被打个措手不及的王嘉只得向一家民间投资机构临时拆借了100多万，忍痛付出了高达5%的利率，这样一来回，为摆脱“到账日的困境”,王嘉的损失和收益打了个平手。

一般情况，理财产品到期之后，银行需要2~7个工作日对产品进行清算，遇上节假日，时间则会更长。同样地，如果投资人提前赎回或是提前终止理财协议的情况，其资金到期时间会更迟。如果投资者把时间安排得太紧密，很可能就会出现王嘉的窘况，因为时间上的冲突而花冤枉钱，给自己的理财带来不便。

那么，如何规避这种到期日和到账日不同产生的不方便呢？建议广大投资的朋友在购买银行理财产品时，把“资金到账日的规定”考虑在内，在预期收益率等其他因素大致相同的情况下，应尽量选择到账日短的理财产品，或者在资金到账前，不要出现急用的情况，不为时间差埋单提前规避风险。

除此之外，还有两个技巧缩短理财产品的到账日：一是选择更为便捷的渠道去购买理财产品，例如一款基金产品，它在银行柜台购买手续费较高不说，到账的时间也长，而网上的基金公司在这方面就有极大的优势，手续费几乎是银行柜台的一半，资金到账速度也较快。二是赎回理财产品避免在节假日之前，例如王小姐9月30日赎回基金，她的到账日却为10月12日，整整12天。如果她在9月23日赎回资金，那么，她的资金到位时间可能是28日，最迟30日到账了，时间缩短了一倍。

7. 投资理财产品宜长线不宜短线。

2016年，许多权威金融机构的预判是仍有可能降息，事实上从2014年的年底至2015年10月24日，央行已经六次出台降息政策，现在一年期存款基准率仅仅为1.5%，如果以存款5万一年的定期来计算，一年前的定期收益将比现在多拿750元的利息。如果2016年货币政策继续这样宽松下去，那么储户们的“零利率”“负利率”时代的来临不是不可能。所以，在这之前未雨绸缪，为自己的钱找个新去处才是当务之急。那么，现今有什么可以拯救低迷存储市场呢？或许，中长线的理财产品是一个不错的选择，它和定期储蓄有着异曲同工的效果，但收益更高了。建议可以用闲钱购买一年期或者更长的理财产品，在“双降”周期来临前把自己的资金转进去，为高收益提前锁定成果，或许是针对2016年降息的法宝。

8. 理财产品还得买银行发行的，甄别真银行和自封银行。

一打开网站，搜索“理财产品”几个关键字，可以搜到的主题有几千了，相关帖子几万，网上的理财产品多如牛毛，普通投资者往往云里雾里，究竟哪些理财产品是银行的，那些不是银行的呢？比如民间借贷等，它们争相和银行沾上边，自封银行的战略伙伴，把自己的产品包装成银行的理财产品，做一锤子买卖，抱着捞一票就走的心理。这样，投资者就需要火眼金睛识别“李逵”和“李鬼”。

很多新闻中都有这样案例，投资人轻信高回报的理财公司，“你要他的利息，他要你的本金”，最后公司跑路了，投资血本无归，走法律程序才发现，这种高于正规贷款2~3倍的所谓收益率，定义为“非法集资”，是不受法律保护的。所以我们才说，珍惜血汗钱，远离非法集资。

投资银行理财产品的技巧可以说是一种较高段数的博弈，与理财产品共舞，需要更多的了解、关注与识别，锻造一双火眼金睛。投资好了，确实收益丰厚得多。

建议广大投资者从各理财产品的门槛、个人风险承受能力、个人收入等因素出发，购进适合自己的理财产品，没有最多，只有更多，让您的钱包鼓起来！

第九节　房产投资，稳稳的幸福

小鹏是朋友圈有名的富翁，2000年时，一帮哥们儿从学校毕业，刚到各自的单位都是职场菜鸟，住集体宿舍，都是囊中羞涩，正当大家感慨何时能买得起房时，小鹏在单位附近首付两万元，贷款买了一套一居室的小房，简单装修后租出去，这是他的第一个动作。三年后，他用工资加租金收入付了一套两居室的房子首付自住。五年后，他的两套房子平均升值五倍，他看准时间在市中心购进了一套小户型，而当初和他一起的哥们儿因为组成家庭原因，都不得不买房，开始当上“房奴”时，小鹏已经坐拥三套房产了。新年刚过，他马上又要买他的第四套房了。

小鹏和同龄人相比，起步都不会相差太远，问题在于这十多年间他能够一次又一次找准目标，投资成功。

其实，从我们身边的许多人的真事来看，第一批贷款买房的人，几乎都实现了房产增值8~10倍的收益。权威数据显示，中国的整个房价与居民收入从2002年开始一直都是扶摇上升的。出手过晚、迟迟不出手的人，才会被越来越高的房价所掣肘，畏难、裹足不前。

相信经常关注明星投资的人耳熟能详“星爷”周星驰和成龙的投资成功案例。周星驰从1990年买入第一套房产，到2004年开始买地皮，十几年时间他已经累积了价值近五亿元的地产，比拍戏收益更高。成龙勇于开拓国际市场，曾以高价售出位于好莱坞比华利山的超级豪宅，净赚3000多万港元，再加上他在香港出售的物业，一年中仅炒楼就进账7000多万港元。

房产投资得法，往往让一些明星的身家暴涨，那么投资房地产又有哪些金科玉律助力我们玩转地产呢？

1. 地段，地段，地段，这是亘古不变的房地产真理。

“女楼王”赵薇在投资房地产方面经验丰富，颇有心得。她做客电视台的一个访谈节目时曾说过：“我就是看地段，虽然好的地段会贵一点儿，但是你想把它卖掉的时候，也会有人排队等候。”房子的建筑成本相对固定，成本虽有所上涨，但不至于引起房地产价格的大幅波动，地价作为不可再生资源，其价格的上涨才会推动房产的上涨。好房易得，好地段难求。在好地段投资房产，其升值的空间更大，回报更可观。

有两个朋友小张和小严，都在2005年买的房，小张在城市中心买的，小严在市郊买的。小张的房价高得多，房子也小得多，十多年的时间，小张的房子已经升值十倍，而且市中心的房子宜租、宜售，非常灵活，很利于小张下一步的投资。而小严的房子升值的空间慢一些，才翻了四倍，与当初的房价相比，已经增值了几十万。

除此之外，遇到这样的房产资源，出手没错的，一是江景房、湖景房、海景房。一个城市中，这样地理环境优越的房子，我们永远不会担心它的升值空间。第二就是带车库的房产。“全民有车”的时代来临，一房好找，车库难求，车库增值的可能性甚至大于房子。第三个是带电梯的顶层房。小高层和高层的顶层，房价较其他楼层稍低、采光好、通风更好，相比较其他楼层的出租和出售更有吸引力。第四是绿化率好的小区的房子。绿化面积大，小区成熟，更容易受购房者青睐。第五，学区房。名校旁边的楼盘历来是投资者关注的重点，但这样的房子宜租不宜售。第六，位置偏远但不偏僻的房子，这里所说位置偏远可以是郊区，但周边有地铁、公交便于出行。

2. 大产权房和小产权房的“甜蜜与忧伤”。

大产权房即是拥有土地证、房产证等证件齐全且合法的房子。

小产权房是农村、市郊、城中村等地集体土地上建设的用于销售的房子。购买小产权房不登记不发证，从省心程度上来看，大产权房完胜。从价格优势来说，小产权房占优，但购买小产权房一定要规避以下几大风险：

①政策风险。避免为在建的小产权房“下注”，一旦遇到相关部门的严查和整顿，这样的房子很可能面临停建被拆的下场，买房者会陷入“钱房两空”的境地；

②法律风险。法律对于小产权的房子这一块的相关规定和政策法规是无效的，因为维权不易；

③过户风险。因为小产权房过户只有双方约定，有合法的过户手续，购买之后的保值和升值不会太高，这一点要有清醒的认识；

④拆迁风险。如果一旦若干年后房屋拆迁，补偿依据很难定；

⑤财务风险。买房和卖方如果发生交易纠纷，法律不保护这样的债权关系。

说到风险，从中央农村工作领导小组、中华人民共和国国土资源部等政策的解读来看，小产权房合法化的路程虽远，但也不一定没有一线曙光。大产权房价高，小产权房价低，大产权房胜在踏实，小产权房胜在实惠。如何去选择，投资者应结合自己的需求购买。

3. 期房、尾单房，教你“省钱大法”。

笔者的一个朋友非常看好万科在汉阳的一个期房，在尚未发售的时候朋友就上售楼部多趟，得到了具体的优惠力度，立刻签订了购房合同，参加了满五万抵5000的活动。仅这一项，折扣幅度就为10%，后来抽奖还得到了三年的物业管理费全免、送代金券等优惠。因为下手早，楼层、朝向都是他心仪的。有人说，如果遇上开发商中途停工、资金断裂等情况，房子迟迟不交的，那损失不是很大？关于这点，就需要投资者对开发商的实力和楼盘的前景提前做好功课以做出正确的判断了。但这种情况不多，毕竟开发商铺的“摊子”比起单独投资者来说大得多。

丽丽和老公因为二孩的原因，急着换一个更大的房子，他们跑了好多楼盘，期房等不了，现房又贵，他们的朋友告诉他们到已开盘的楼盘去看看。结果，他们发现，楼盘里大户型剩下的较多，因为总价高，投资客不感兴趣，自住人口少也不感兴趣，于是他们抓住契机和开发商最后谈成总价优惠8.5%，省下不少。而他们在之前几个新楼盘询问时，都没有太大的优惠。

4. 背上重重的“壳”，也要规划好自己的生活。

大多数人都是一边背着房贷，一边感受生活。在这个过程中，有的人过成“房奴”。专家支招，为银行打工时，一定要巧妙利用银行还贷为自己解忧。

①正还贷，突遇紧急事件，资金紧张怎么办？可以选择移动组合房贷的方式，按自己的需要选择还款方式。

南京的黄女士是一名企业高管，因为怀孕，她的还款能力在近一两年内下降。而移动组合房贷的还款方式就可以让她根据自己的收入预期，灵活调整自己的还款方式，有能力时多还，压力大时少还。

②刚刚置业的年轻人，这类群体一不小心就成为“月光族”，那么可以采取入住还款的方式，降低交房初期的经济压力。还款人申请从贷款第一个月开始，与银行约定一个时间段，仅偿还贷款利息，无须偿还贷款本金，这个时间有12个月可以缓冲，以让贷款人适应，等约定期满后，还款方式还可以选择等额本息或等额本金的归还贷款等适合本人的方式，让房子不至于一下成为扛不起的负担。

③数套房子的投资者。因为某种原因而暂时资金紧张的，就可以选择循环贷的方式，将其中一套没有房贷的房子到银行做个房产抵押，能得到这套房产80%的贷款额度，遇上资金周转不灵的时候，就可以分次提款，循环使用。循环贷款是一种额度高、

使用年限长的房贷方式，它让不动产灵活秒变动产，让你的不动产充当你的“提款机”。无须再提供其他抵押，用后及时归还即可。

④高收入但并不稳定的房贷者。专家建议还款可以采用两种方式：一是可以使用双周供，就是每半月还款一次，半月还款数额为原月供的一半，这样缩短了供款的周期，贷款的利息也相应减少了。但对于目前偿还能力较强，但未来的偿还能力却不好预见的房贷者，可以采取第二种方式，即提前还贷。

笔者的朋友美诺是武汉五星级酒店的领班，收入不错，但这是吃青春饭的行业，估计未来十年内，可能要改变工种，她的房子就是采用提前还款的方式，将30年的贷款时间，缩短到13年。月供只要在自己的承受范围内，可以选择全部贷款一次性还清的方式，或者部分提前还款的方式。这两种方式都是很方便的。当然前提条件是未来没有生小孩、买车、生意周转等较大的支出。

当然，对于一般的工薪阶层来说，还是等额本金的方式最方便有利。总之，适合自己的房贷方式才是最好的。

通常而言，中国人的“房子情结”是很严重的，基本步入一个“全民看房、全民买房”的时代，无论是自住还是投资，房产都是最受追捧的理财方式。在人生的各个时期，单身时期、组建家庭后时期、中年家庭时期、退休家庭时期，投资房产没有统一的标准和规划。根据各自不同的年龄段、不同的偿付能力和支出要求，制订不同的购房理财计划，找到适合自己的理财规划，才能有效地达成自身的目标和愿望。

第十节　黄金投资：连“中国大妈”都知道的理财之道

2013年4月，北京的张女士豪掷290万元现金，购买了十公斤黄金。紧接着，南京、上海、深圳……全国各地出现了黄金抢购高潮。在接下来的一个月里，以“中国大妈”为首的黄金投资客，疯狂地涌入各个城市的金店，购买了超过300亿的黄金。一时间“黄金便宜，像买白菜”的言论甚嚣尘上。在太平南路一家金店一开门就被挤爆，店里涌进了许多顾客，把金店围得水泄不通。跟平时不同的是，顾客变得都很爽快，没有精挑细选的，有的人挤在人群中，手向玻璃柜台内一指，直接要开票。全民对黄金的热度超过了任何一款理财产品。

黄金作为贵金属市场中的重中之重，一度被视为终身投资。它的快速发展已经让普通的老百姓和从没有涉足该领域的工薪阶层都开始蠢蠢欲动了。但网上也曾连篇累牍地报道，中国大妈抢购黄金被套，损失最惨重的被套达到28%以上！每一位贵金属投资者，在进入黄金市场时都要对投资平台以及产品进行全方位的了解和认识。俗话说“工欲善其事，必先利其器”，具备一定的投资知识贮备，攻防兼备才能与风险共舞，在风云变幻的投资市场分得一杯羹。

那么投资黄金有哪些技巧是我们要掌握的呢？

（1）分析国际形势，看准时机再出手。每年的 8 月~11 月，海外最大的黄金消费国——印度，在它全年高涨的购买力之下，还会迎来多个宗教节日，这是一个需求旺盛期，印度有三分之一的黄金是在这时候被购进的。除此之外，每年的第四季度，西方的感恩节、圣诞节、中国的农历春节，这三个时间点也是黄金需求旺盛的时期，一般家庭购进黄金也多在这时候出手。因此，我们可以得出结论：在下半年里，黄金的价格基本上是上涨的趋势。那时的金价在全年来说，是较高的阶段。因此，投资黄金的行为最好在淡季，例如在上半年，或者说，在每一次价格上升之前，出手最好在淡季。

（2）初进入黄金市场不要满仓。黄金市场满仓进入风险太大，前面说过，2013 年黄金价格在 289 元/克时，有些投资者以为是黄金的抄底价，疯狂拿出全部身家购进，结果“抄在半山腰”，至今被套牢。事实证明，黄金的价格在以后的两年里，还在不断地下降，截至 2016 年 1 月 9 日，黄金的现货交易价格仍然没有回到 2013 年的高度。所以，在投资开始时，投入的资金不宜过大，在投资的过程中累积经验比较重要。建议采取短期小额交易的方式分批进入市场，前期先进行一些买进卖出的小操作，基本把握利差再出手，反复多次，培养盘感。

(3) 交易之前设好止损点和止盈点，最好把风险控制在自己能掌控的范围内。当一波行情利好时，投资者频频获利，这时候一定要有清醒的头脑，只要盘面到达想要的点位，就算以后还有可能再盈利几万，也毫不犹豫地全部平仓。不要抓住之前的获利不放，认为行情还会回来。一旦风险超过了原来设定的可容忍范围，不要犹豫不舍，该平仓就要平仓，该“割肉”就要“割肉”。风险要在自己设定的可控范围内，千万不要执拗，千万不要冲动。

(4) 掌握简单的技术指标。技术指标简单实用，能量无穷大，比如这样几个名词术语：“均线”“支撑”“阻力”“趋势线”“k线形态”等，利用它们能化繁为简，有效操作。如果你进入黄金投资的领域，搞不清趋势线，看不懂k线图,不明白什么是阻力，你好意思说你是黄金投手吗？新手上路，十招搞定。

①15分钟图，做日内交易。看准15分钟k线图，然后下单，看看是赢利还是亏损，可多次做这种小练习，然后看自己的预判与实际是不是一致的。正确的有多少，失误的有多少，做个分析总结。一次赢利一点点，数次赢利对增加信心也大有好处。

②熟悉黄金的各个品种、习性、价格、走势等。经过一些模拟实战的练习，锻炼自己的判断能力和决策的能力，从“蝇头小

利”做起，稳健操作，进而“鹰击长空”，实现你的财富梦想！

③关注过渡时段的趋势。这就好比一个交岔路口，一定要前面后面对照研究并预判。在交易之前，看 4 小时的图，摸清趋势和方向；再看一个小时图，聚焦过渡时段的趋势，承前启后的地方很重要。

④打短时间仗。我们首先要知道背离的概念。所谓的背离是指均线与价格波动方向相反。时间周期短的均线背离，比如说 15 分钟图均线背离，比起一小时图更重要，事实上时间长的更能反映后市走势，所以密切关注短时间内的变化也许更重要。

⑤在黄金市场里，时间交易周期的越短，需要越快的反应速度和越高的灵敏度。要保持先知先觉的敏锐，嗅出后市的走势。如果价位运行到支撑或者阻力附近，就能做出后市的判断了。基本可以选择进仓和平仓点位。

⑥捕捉逆转。如果你观察到均线在小时图是上行，但是在 15 分钟图却是下行的话，那么意味着逆转即将到来。这时，你的判读很重要。

⑦可控风险，保住本钱。一般新手投资时先主打小赢利，反复操作，十次操盘中，三次亏损，甚至四次亏损，没什么大不了，但要把亏损的资金保持在合理的资金内。另外你的赢利要大于你的亏损。

(5) 眼观六路，耳听八方，各路消息一网打尽。对于黄金投资者来说，眼睛要盯着的不仅仅是黄金的k线图、走势图，对于国际金价的变化也是要关注的，对于国内外的战争、灾难、非农数据等也是要有所了解的。黄金因避险资产而得名，或许对其他大宗商品来说是负面的因素，对黄金可能是利好消息。国际金价的震荡影响的不仅仅是某一个国家。美元下滑后，全球投资人连续四日将资金转投较安全资产等。地缘政治问题也对黄金价格形成短期的推动或支持作用。美联储的动作、美国和欧洲经济的走向等也会对其产生影响，投资人要保持一份敏锐的嗅觉，以做出自己的投资解读。

(6) 投资心态很重要。一位黄金投资圈里的“大神”，炒黄金超过十年，如今身家数亿。他曾经说过：“我2000年开始进入这个领域，不知道失败过多少次，有过多少血泪史和低谷，但是我从不气馁。因为我知道寒冬过境，春天就要来临。失败不可怕，可怕的是没有了再战的勇气。人生贵在从头再来！贵在坚持！”他的话，道出了许多这个领域的成功者的投资轨迹，最后笑傲黄金市场的都是那些拥有良好心态的投资者。投资要把握尺度，过激的投资行为可能让你血本无归，而一次次的小利也可能渐渐让你坐拥财富。曾有人说：“勿以损少而不为，勿以赢多而为之。”意思是，发现自己投资失误但账面损失不多，弃之不理，抱着侥幸的心理，这就可能会导致自己陷入困境，一损再损，到最后想“咸鱼翻身”都没机会了。反之，技术走势还没有走完，交易信号没有出现，一波行情刚刚开始，投资者看到账面上是赢利，心想已经有盈余，于是慌慌张张地出手。出手后又后悔，于是在慌乱中往往做出的决定不太理性。

总之，投资黄金，希望大家记住两点：一不要贪，二不要怕。三思方举步，百折不回头。不要害怕失败，森林里的狮子追杀羚羊的成功率仅有 20%，国际职业扑克选手失败率为 50%，专业棒球手也会 10 次失手 6 次，人生没有 100%确定的事情。相比之下，投资黄金的成功概率比他们要高得多。

第十一节　工薪阶层理财——要一直挖井，直到有水喝

有两座左右相邻的大山，山上各有一座庙，有两个和尚分别住在这两个庙里，这两座山之间有一条小溪，两个和尚几乎每天在同一时间下山来挑水，时间一长，他们就成了好朋友。

时间一晃就过去了五年，有一天，左边的和尚来挑水，发现右边的和尚没来，他想：这个老兄是不是睡过头了？第二天，他还是没有来。就第三天也没来，这样过了一个星期，右边的和尚一直没露面，左边的和尚再也忍不住了，他要去看看他的好朋友是不是生病了。第二天一早，他爬上了右边的那座大山，推开庙门一看，他大吃一惊，原来他那个没有挑水的好朋友正在打拳，他特别诧异，就问："老兄，难道你不喝水吗？我怎么天天不见你挑水呢？"右边山上的和尚就跟他说："老弟，来我带你到后院去看看。"他把他带到了后院，指着一口井说："这五年来，我一直在打这口井，每天做完功课我就来打井，能多打点就多打点，这个井在一星期前终于冒出水来了。从此我就再也不用下山挑水

喝了，可以有更多的时间练拳了。”

工薪阶层是我们这个社会中的大多数人，我们身边行色匆匆、朝九晚五的都是工薪阶层，对许多普通工薪族来说，理财似乎是一件遥不可及的事情。工作那么忙，收入也不多。或者收入不菲，却依然是“月光”。更有甚者陷入财务危机无力承担，一天工作超过八小时，然而忙忙碌碌却无力置产，甚至担忧养老问题……

原因何在？就是因为许多工薪阶层不懂得理财，如果你不是含着金汤匙出生的富二代，可以不用自己理财就过得很好，那么你就应该提高自己的“财商”。普通的工薪族应该充分利用自己现有的资源，从日常开支和收入结余开始进行预算和评估，把理财作为一种手段，规划自己未来的美好图景！我们的观点是：“赚钱不在多辛苦，只在思路胜一筹！”

1. 思维理念篇

（1）理财究竟是什么？国家理财师专业委员会秘书长、北京市理财师协会会长刘彦斌先生是这样定义的：“理财是一个人或者一个家庭，为了实现自己的生活目标，合理管理自身资源的一个过程。”人要想富有，要具备两种能力：一是赚钱的能力，二是把你赚到的钱合理进行分配，让它在保值的基础上实现稳步增值的能力。实现了这两点，你就会一辈子不愁钱花。

（2）理财从今天开始。不管你的月薪是一千块还是一万块，当你拿到钱后，第一步就是要拿出其中的15%~20%左右存进银行。不要小看这300元或500元，一年之后，手里就可以从没有钱变成有了一笔钱，就可以用来投资了。

理财就是一种纪律，要严格遵守，如果你这个月为了一件贵点的衣服把要存的钱花掉，下个月为了去听一场演唱会又把要存的钱花掉……那么你的理财计划永远无法开始。储蓄是迈出理财之路的第一步。

(3) 理财从攒钱开始。年轻人理财一定要从节约开始，因为刚刚出来工作的年轻人薪水不高，但是租房、谈恋爱、结婚、生小孩等一系列的事情都要花钱。如果没有一个攒钱的习惯，会导致该结婚的时候不敢结，该生小孩的时候不敢生……原北京大学校长、著名外交家胡适先生在北大当校长时，每个月拿着几千大洋的工资（相当于现在的几万元）。但他晚年在台湾生病住院，每次都要提前出院，因为他存的钱不够支付他医院的账单。他对身边的工作人员说："一定要在年轻的时候多积累钱财。"

(4) 今天的享受留到明天。"月光族"是今天最奢侈的一代。年轻人有大把的时间可以去预支，许多人的观点是年轻的时候不享受，什么时候享受？专家认为，"享受"这个词出现的时间，至少应该是40岁以后。或者换一个态度，享受不要和钱联系在一起，享受不是奢侈，享受不等于乱花钱多花钱，不花钱或者花很少的钱一样可以享受。年轻时应注重财富的积累，然后再享受。

（5）人生的三个健康。第一是身体健康，第二是心理健康，第三是财富健康。人的心理不健康，往往起因身体不健康，一个生理特别不健康的人，心理很难健康。一个人财务不健康，他的心理很难健康，比如欠了一屁股账，房奴、卡奴、车奴们如果今天没工作了，明天的钱还不上，他能睡得着吗？财务不健康的人，一定或多或少会有焦虑症，严重的还会有抑郁症。关注健康，不要只关注身体和心理上的健康，财务健康也很重要。

（6）享受爱钱的习惯。你不爱钱，钱不爱你。不要羞于谈钱，扭转这个观点。事实上，钱是个中性的东西，只要通过诚实的劳动和努力所得就行。我们生活在这世上，哪一样不需要钱呢？只有三种人才会对钱无所谓：第一，特别富有的人，钱对他来说只是一个数字，因此他会无所谓；第二，从来没有挣过钱的人，没有见过多一点钱的人，他没有见过很多钱，所以他无所谓；第三，虚伪的人，他说对钱无所谓，其实心里是在意的。

（7）"月光"是最糟糕的生活方式。"月光族"表面看起来潇洒，其实是理财的大忌。我们年轻时攒钱不单是为了年老时的财务自由，更是为了人生的各个阶段，年轻时、中年时的财务自由。"月光族"不要谈老年的财务自由，他下个春节的财务自由都没有，它会剥夺一个人的自由，拘泥于不喜欢的工作，拘泥于自己不喜欢的城市，不敢放手追求自己的理想。一个没有财务余地的人，不会是一个自由的人。

2. 知识储备篇

这年头，什么都需要知识，没有知识，单凭一股冲劲儿和一点儿运气，恐怕到哪里都无法立足。要理好财也必须学知识。若是不懂理财知识就盲目理财，工薪阶层的那点薪水怕是经不起“折腾”。我们要的是科学的方法和知识，在知识的引导下，理财才是理性的、科学的。

（1）28条专业投资术语要了解。

①开盘价：当天的第一笔交易成交价格。

②收盘价：当天的最后一笔交易成交价格。

③最高盘价：当天的最高成交价格。

④最低盘价：当天的最低成交价格。

⑤多头：在一个时间段内看好涨的投资者。

⑥空头：在一个时间段内看好跌的投资者。

⑦开高：今日开盘价在昨日收盘价之上。

⑧开平：今日开盘价与昨日收盘价持平。

⑨开低：今日开盘价在昨日收盘价之下。

⑩趋势：市场价格在一段时间内朝同一方向运动，即为趋势。

⑪涨势：市场价格在一段时间内不断朝新高价方向移动。

⑫跌势：市场价格在一段时间内不断朝新低价方向移动。

⑬盘整：市场价格在有限幅度内波动，无明显的上涨或下跌趋势。

⑭压力点（压力线）：价格在涨升过程中，碰到某一高点（或线）后停止涨升或回落，此点（或线）称为压力点（或线）。

⑮支撑点（支撑线）：价格在下跌过程中，碰到某一低点（或线）后停止下跌或回升，此点（或线）称为支撑点（或线）。

⑯突破：价格冲过上升趋势线。

⑰跌破：价格跌到下降趋势线以下。

⑱反转：价格朝原来趋势的相反方向移动，分向上反转和向下反转。

⑲探底：寻求价格最低点的过程中，探底成功后价格由最低点开始整理。

⑳底部：价格长期趋势线的最低部分。

㉑头部：价格长期趋势线的最高部分。

㉒高价区：多头市场的末期，此时为中短期投资的最佳卖点。

㉓低价区：多头市场的初期，此时为中短期投资的最佳买点。

㉔买盘强劲：市场交易中买方的欲望强烈，造成价格上涨。

㉕卖压沉重：市场交易中卖方争相抛售，造成价格下跌。

㉖骗线：主力或大户利用市场心理，在趋势线上做手脚，使散户做出错误的决定。

㉗超买：市场价格持续上升到一定高度，买方力量基本用尽，价格即将下跌。超买意味着价格很容易出现向下修正，在技术分析上，当一种金融工具的相对强弱指数超过75%时，一般视为出现

超买。

㉘超卖：市场价格持续下跌到一定低点，卖方力量基本用尽，价格即将回升。超卖意味着价格很容易出现向上调整。在技术分析上，当一种金融工具的相对强弱指数低于25%时，一般视为出现“超卖”。

（2）复利投资的秘诀。复利，爱因斯坦称它是比原子弹还要具有威力的工具。简单地说，复利就是“利上加利”，其计算公式是：本利和=本金×（1+利率）^{n}（n为期数）。我们通常以为钱是成功投资的最基本要素，但它并不是唯一要素，勇气与时间也是必不可少的。在跟时间的博弈当中，谁的忍耐力强，谁就是最后的赢家。复利是绝对能“体现时间就是金钱”这一真理的商品。“股神”巴菲特深有感触地认为：“复利投资是登上富人宝座的阶梯。”

复利的概念简单易懂，容易理解。虽然投资者初次投入的钱微不足道，但是随着投资时间的延长，投资回报率就会以几何级数增长。因此，希望尝到投资复利的甜头，一定要尽可能地延长投资时间。在决胜点上，复利具有“四两拨千斤”的效果。一种投资商品的复利收益率只比别的投资商品多0.1%，但在最终收益决算时，却能获得比其他投资商品高数倍甚至数十倍的收益。

（3）神奇的财务杠杆。财务杠杆是指投资人在只有一部分自有资金的情况下，利用借到的外部资金，进行更大规模的经营和投资。由于债务的存在而导致普通股每股利润变动大于息税前利润变动，这就是杠杆效应。财务杠杆=权益乘数=总资产/所有者权益=1-资产负债率。财务杠杆系数（DFL）=息税前利润（EBIT）/[息税前利润-利息-优先股股利/(1-所得税税率)]。财务杠杆越高，杠杆效应越大。但是，财务杠杆很诱人也很危险。巴菲特在五年前致股东的信中，特别阐述了财务杠杆的危险性，他表示，运用财务杠杆的基本原则不是赚钱第一，而是安全第一。汽车比赛的基本原则是，要想最先完成比赛，首先必须完成比赛。他曾经警告一些投资人和企业："毫无疑问，有些人通过使用借来的钱变得非常富有。可是，也有些人由于使用借来的钱变得非常贫穷。在财务杠杆发挥作用时，能够扩大盈利。但是财务杠杆会让人上瘾，一旦从财务杠杆创造的奇迹中获利，只有极少数人会退回到更加保守的负债比率。任何一系列的有利数据，不管这些数据多么令人心动，只要乘以零，都会灰飞烟灭。历史告诉我们，即使是非常聪明的人，运用财务杠杆产生的结果经常是零。"

"股神"巴菲特本人也只喜欢投资那些财务杠杆低、财务非常稳健的公司。他曾经感慨："根据我一生的经验发现，人最脆弱的两个环节是过度饮酒和过高的财务杠杆，因为我见过太多的人由于过度借债形成过高的财务杠杆而惨遭失败的例子。"

此外不可预测性原则告诉我们：投资市场是瞬息万变的。"二八"定律（又叫帕累托定律，是不平等关系的简称）告诉我们：投资市场上总是20%的人赚钱，80%的人赔钱。“安全边际”(根据实际或预计的销售业务量与保本业务量的差量确定的定量指标）告诉我们：赔钱的概率越小越安全。“洼地效应”（如同水往低处流一样，资金也会同交易成本低的地方集中，这在经济学中，被称作“洼地效应”）告诉我们：更安全的投资领域更容易吸引资金的流入。

3. 日常生活篇

大多数工薪阶层都背着房贷，一面甜蜜一面痛苦。甜蜜的是终于有了属于自己的家，痛苦的是每月的房贷无论怎样都会准时到来，压得人喘不过气来。而这种压力不是一时半刻就能消减的，往往会持续十年、二十年，甚至三十年。这是一个漫长的过程，而且伴随着利率的上浮，最新公布的CPI数据，加息等多重压力之下，子女的教育、未来的养老等一系列问题横亘在不远的将来。工薪阶层在日常生活中该如何理财才能应对生活中的各项开支呢？

(1) 还房贷，三招省利息。

①存款抵扣利息。莉莉小两口买了一套二居室的新房，付完首付后，考虑到每月还贷的压力，他们把自己在农行的10万元存款转为存抵贷这种房贷理财存款，当账户内当日存款余额大于5万元时，则日收益=（存贷通账户余额−5万元）×80%×（存贷通账户关联贷款的利率−活期存款利率）。以莉莉夫妻的10万元存款为例，今日贷款年利率为5.15%，并已享受贷款利率下浮30%的优

惠政策，贷款执行利率就是 5.15%×0.7=3.605%，活期存款年利率为 0.35%，则其贷款可获得的抵扣额为：（10−5）×80%=4 万元。

②还款方法改成等额本金。以贷款 100 万元 20 年期（以基准利率 5.15%计算）计算，采用等额本息还款法，利息超过 71 万元。而采取等额本金还款，支付利息款 59.6475 万元。两者相比，利息相差 11 万元左右。

③提前还款时选缩短期限。当你手里有了一笔钱时，到银行提前还款，那么如果单纯从节省利息的角度来讲，肯定是缩短贷款期限最划算。本金还得越多，利息就越省。

（2）教育储蓄，越早越好。让我们来看看现代家庭养育一个孩子（暂且计算 18 岁前的费用）的成本有多少。

①婴幼儿阶段：出生、奶粉、纸尿裤、生病住院、早教班、出外游玩等等，花费至少 15 万元。

②小学阶段：餐费、兴趣班、书报费、服装费等，6 年的花费至少 15 万元。

③中学阶段：公办不择校，各项花费起码 5 万元；如果择校，要 10 万~25 万元。

④高中阶段：学杂费、补课费、电子产品、兴趣班、外教等，花费至少 15 万。

至于上大学，更是数万的投入。所以，有人算了一下养孩子的成本，少则五六十万，多则 100 多万。孩子一出生，工薪家庭就背上了沉重的经济负担，面对越来越多的教育支出和越来越高的求学费用，很多家长都在忧虑如何筹措、积累资金，给孩子未来接受更好的教育提供充足的资金保障，是摆在每个家庭面前的难题。目前国内主要有两种方式可以选择，一种是教育储蓄。教育储蓄可以在市内各大银行办理，它的最大优势在于采用零存整取定期储蓄的方法，在支取时可获取整存整取的存款利息，同时还可以免缴利息税，受到不少市民的追捧。第二种是教育金保险，它是一种能够为子女提供教育基金的保险，兼有教育金并附 30 种重大疾病的保险优势，它为子女教育设立专门的账户，能够针对孩子在不同成长阶段的教育需求，提供相应数额的保险金。无论是存教育储蓄，还是购买教育保险，都要趁早。精明的童童妈在儿子出生前就购买了一款少儿分红教育金，现在儿子已经上大学了，每月都可以领取一笔保费，直至童童 25 周岁。可见越早购买，收益越大，在孩子要读书用钱的关键当口也会显得很从容。

(3) 老年生活提前规划。在我国，一般的工薪阶层在 55~60 岁退休。老年时候有足够的金钱过上体面地生活吗？老年人的晚年悲凉，才是真正的悲凉。新闻中曾报道过一位老太太，生前过得异常艰难，靠捡垃圾为生，最后她悲惨地结束了生命。人们在整理她的遗物时，发现了她居然有一笔 5 万元的定期存折，老人为什么不动用这笔钱让自己的日子过得好一点呢？是想把钱留给谁？还是担心自己日后连捡垃圾的能力都没有？或者担心自己哪天有大病卧床怎么办？人们不得而知。其实在生活中，人们都有这样的担心。小沈阳说，最痛苦的事是人死了钱没有花掉。赵本山说，最痛苦的事是人还活着钱花完了。不论哪种设法，对于老年人来说，都是不愿看见的。

老年人经过几十年的辛勤工作，最后一定要有充足的养老金和必要的保障，才能体面悠闲地养老。所以在年轻的时候，就要为老了做打算。理出一份未来20~30年的保障。一般来说，晚年生活的基本费用是退休金和积蓄。

①资金的安全性。老年人理财与中青年比起来有一个最主要的特点，就是要安全，风险性要小。因为时间原因，老人没有从头再来的机会。 理财师建议老年人投资侧重选择一些保守型或轻度保守型的理财产品进行投资，如货币基金、国债等。

②投资不要超过资产的20%~30%。老年群体宜购买保本型产品，虽然它的收益不高，但它的风险系数较低，老年客户群的年龄、风险承受能力都已经不太适合积极进取型的理财产品。而如果对于自身风险承受能力较强的老年人，还是可以考虑进行一些风险投资的，但风险投资的投入以不超过总资产的20%~30%为宜。

③风险投资资产的百分比。对于不超过80岁的老人，可以参考衡量风险投资的计算公式进行投资，就是用80减去老人的年龄，得出的就是可以用来风险投资资产的百分比。以拥有50万存款的63岁的张大爷为例，80−63=17，也就是说陈大爷可以用来风险投

资的资产是 500000×17%=85000 元。不要超出这个比例为好。

④投资前预留一个季度到半年的生活费。一位老人的资产总和，不要全部用来做理财资金。日常花销，以及遇到疾病或意外所需的费用等都要计算在内，在理财前必须预留出一部分资金，以备不时之需。预留资金这个环节绝不能少、不能省。否则，一旦经济或身体上有变故，往往让人措手不及。

⑤老年人理财方式。据调查，大多数老人采取以下方法理财：

一是银行储蓄，安全稳固，大概有 60%的老人选择；

二是国债，也很安全，收益比银行稍高，不足的是灵活性稍差一点，必须到期支付，大概 20%的老人选择；

三是收藏，这是一些老人的兴趣爱好，其实它的收益如何，根本不在老人们关心的范围中，大概 1%甚至更少的老人选择；

四是基金，风险系数较高，但可以做定期定额投资，降低风险，大概有不到 7%的老人选择；

五是股票，一般是炒股多年的老股民，大概 7%的老人会选择，他们有专业知识，经历了股市数十年的风风雨雨；

六是房地产，目前有一小部分中老年人采用房地产投资，也是专业人士，大概有 5%的老人选择。

老年人理财，要选择适合自己的、熟悉的领域。要切记：不熟不做，不懂不做。

4. 玩转收藏品市场

工薪阶层一般靠工资和奖金生活，除去日常开销，剩余的不太多。在当下收藏热的大环境下，许多工薪阶层心中热爱，只不过囿于资金，望“藏”兴叹。那么，工薪族能不能进入收藏领域呢？如果可以的话怎样进入收藏领域呢？答案是：工薪阶层一样可以进入收藏领域。

在收藏圈子里，一些颇有成绩的收藏家，其藏品的品位很高，这些收藏家其实一辈子都属于工薪一族。相反，有些颇具经济实力的收藏者有些投入不少，但成绩不大。因而，真正爱好收藏的普通人，可以发挥专长，工薪阶层尽管钱少，但从以下几点入手，这样就能稳步进入收藏领域。

（1）眼力很重要，内功要修炼。工薪阶层资产少，如果杀入收藏市场必须以知识和经验为本钱，文物的真伪好坏、价值的大小，一定要多加鉴别，多下功夫。甚至学习的领域可以更广阔一些。历史、美学、文学、地理等方面的知识均可涉猎。这是大家步入收藏领域的一笔隐形财富。此外还要利用一切可能的机会参观国家级、省级、市级、区级的博物馆和私人民间收藏家的藏品，通过亲自观摩实物，掌握古代遗存在材质、造型、装饰、外形等方面的特征。掌握了专业的知识，就可以少交“学费”。“知识就是金钱”在收藏品市场就是真理。

（2）要持之以恒。工薪阶层不比巨商富贾，不大会有人送好货上门，更不能到高规格的拍卖会上拍回几件古玩。这就需要工薪阶层付出比别人更多的劳动，在民间、深山，或在偏僻的乡下、经济欠发达地区不懈地寻求，尤其是多逛各地的古玩古藏市场。不要想着天上掉馅饼，无功而返是收藏者的常事，一次没有收获，还有第二次、第三次……长期坚持，获得物美价廉之物的概率最后就比别人高。

（3）要独辟蹊径，避开热门。近几年国内外收藏市场上热点不断，炒黄花梨、炒金器、炒字画、炒古玉、炒青花瓷……一炒便价格如坐过山车般大起大落。工薪阶层实在不具备抢热点的实力，也承担不了跌下去的风险。与其跟风追涨，不如另辟战场，人弃我取，独辟蹊径。比如别人大炒瓷器，你就去寻秦汉古陶；别人大炒红木家具，你可以去找工艺精、年代远的老家具。近几年收藏品市场中实践证明，冷点一旦被人们认识到，就会变成热点。捂久一点，价值就会体现出来。

（4）重点之外兼顾。对于工薪阶层来说，致力于同一类藏品的收藏与研究较经济实惠，也容易出成绩。然而现在的收藏热持续升温，收藏者越来越多，“僧多粥少”的市场上，藏品常常是供不应求，如果只专门找一类藏品，结果往往会无功而返。这就要求收藏者在以同一藏品为主的前提下，可以兼顾其他，多学几招，以备不时之需。

（5）要出手果断，不要犹豫错失良机。平时少买一般的、常见的大路货。一旦看准了档次高、独特的稀有之物，要能马上判断出来，立刻拍板买下。一旦相遇，切不可犹豫不决，不能拖拖沓沓以致失之交臂，遗恨无穷。

第四章

女性理财："巾帼不让须眉"的理财人生

第一节　女人，关注身材，不如关注身价

“不管你的晚礼服有多么优雅，当你转身向另一半拿钱时，你的优雅将不复存在。”这话说的是全职阔太林舒，她快四十岁了，美丽知性，站在老公石佳的身边依然光彩照人，可是她知道多年的保养敌不过青春的流逝，自己半老徐娘了，而男人魅力正当时，在外面招摇也只能睁一只眼闭一只眼地无奈容忍。离开他？她没有那种勇气。经济不独立的女人，注定是婚姻中的弱势群体。女人应该关注自己的身价几何，而不仅仅是三围几何。改变观念，改变人生。那么，哪些观点和现象是亟待改变的呢？

（1）将自己的幸福托付给某个男性与现在的婚姻。应该勇敢地从处处受限的温室中走出去，将自己托付给更为实际的金钱。唯有经济方面的独立才能让你获得切实的安全感。比如嫁入豪门的女明星赵薇，她并没有过全职阔太的生活。从明星到商界女强人，她投资房产、影视公司、红酒等，样样出色，同时婚姻家庭也是美满无比。

(2) 理财知识匮乏，手头没有闲钱，更要理财。理财知识可以学，现在的科技发达，网络教学、培训班有很多，只要下定决心，学什么都行，什么时候学都可以。北京通州的曲女士幼年读书少，她直到 30 岁才开始买银行的一款基金，才开始学习理财方面的知识，不过五年，她就赚到了一大笔，在当地小有名气。至于没有闲钱，不要忽略每月结余的小钱，积沙成塔，不要让家里有限的钱躺在活期折子上睡觉，通过组合理财，让它保值或增值是女人的底气。

(3) 高骛远，要脚踏实地。有些女性朋友雄心勃勃地制定自己的 N 年理财计划，甚至幻想自己能一夜暴富，跻身上流社会。比如小萧，她从大学毕业就开始理财，按理说应该比同学过得都好，结果有的同学当老板比她实力雄厚，有人嫁得好比她幸福，有人升职了比她赚得多……她就有些心灰意懒了。其实，理财是一个草原上赶羊群的过程，我们早一天拿起鞭子把它们圈进自己的羊圈，才有可能早一天收获财富。如果你不赶羊，最后只好望羊群兴叹了。在积累和投资的过程中，女人的情商注定了更加细腻和敏锐。如果女士们不断提高自己的财富积累，相信财富也会像滚雪球似的越来越大。

(4) 积累财富不能仅仅靠工资，而要盘活你的工资。每个月工资一到账，你是马上就取出来消费，还是让它在工资卡上沉睡？这两种方式都不会让你的财富增值。直接取出消费的，你的账户永远没有余额；让它沉睡的，你的财富也在沉睡。比如笔者的好友波波，她每到工资到账日，一刻都不会等就取出来做理财，她的工资卡上是不放超过四位数的活期的，除去必要开支，取出可供理财的部分，投入理财产品中去。每个月如此，循环往复，到最后，就会有一笔财富在滚动增长了。

（5）理财一定要找对“组织”，扩展圈子。如果你只是一位普通的女投资人，对股票、基金、债券、房地产、石油、天然气、有色金属、黄金等投资平台不是特别了解，就一定要多向身边的专业人士询问。武汉三阳路的黄婆婆，60多岁，她就有多年炒黄金期货的经验，她们一帮老年活动中心的朋友聚在一起炒黄金、炒期货，高的时候获利数万，羡煞周围一帮朝九晚五的年轻人。所以，黄婆婆的优势是经验丰富，同时结交志同道合的朋友，一起或者扎堆投资，分享和借鉴经验。借助实力理财专家的眼睛、站在专家的肩上，选择适合自己的理财工具。

第二节　女人是天生的理财家

女性其实天生是理财家，比男人更有理财优势。为什么这么说呢？因为如果把家庭收入比作一条河，那么财富是你的水库，花钱就是你的流水。理财就是管好水库，开源节流的事儿。恰好大多数女性都是“水利总管”——主管“水库”工作，就算不是财政一把手，最起码，一个家庭的流水大多数都是从女人的手里流出去的。大多数女人只要理财的观念改变，那么家庭的账面就可能悄然变化。

女性理财者又要了解哪些理财黄金原则呢？下面是女人理财一定要把握的几个原则。

(1) 理财要趁早，多少钱都能理财。“你不理财，财不理你”的投资名言大家都懂。可是从什么时候开始理财呢？从自己的第一笔收入起，有的人是30岁，有的人是22岁，甚至有人从6岁起就开始用压岁钱理财了，起步不同，理财的结果也不同。多少钱才能理财呢？福州的金女士，从1990年她22岁大学毕业参加工作开始，一个月省下100元买基金，若从22岁存到60岁，按现在的普遍基金收益是60多万元。如果假设同等收益不变的话，推迟十年从30岁存到60岁，大概是22万；40岁起存，收益7万；50岁，收益2万。这样的个例是不是特别明显呢？钱生钱是投资界的马拉松，理财一定要从年轻时开始。

(2) 相信自己的理财禀赋比男人更好。

①女性更加感性，更有家庭责任感，更注重细节，更容易从家庭利益的角度出发。女性投资目的比较单纯，就是改善生活。女性理财更"接地气"，也更稳健，风险性也能降到更低。

②女性善于和别人沟通交流，能接受别人的建议。女性投资者能多方听取别人的意见，因此对于投资风险的控制更加有利，在投资的重要时间节点上把握胜券更多。

③女人更懂得精打细算。女性心思细腻，很容易从生活消费的各个方面发现契机，省钱和生钱高招不少。女性买东西大部分人会货比三家，在数种同类商品中，选择性价比更高的商品是女人的强项。血拼、砍价、拼单、扫尾单、清仓淘、海淘、团购……女性在多年"征战商海"的经验曾省下不少银子，这都是枝微末节的天赋体现。

④女人比男人更有耐心。女人投资能沉得住气，绝对不会贸然做出改变。女人的投资通常是"长线"交易，所谓"放长线才能钓大鱼"就是这个道理。

⑤女人无敌的直觉。女人的“直觉”有时候非常可怕，常常准到让人目瞪口呆。好像做哪项投资只要“跟着感觉走”就能赚到钱。因为女人天生敏感，她们思维更加敏锐，跳跃性更强，自然能在关键时候做出未雨绸缪的动作。

(3) 追求财富，拒做葛朗台似的富婆。在生活中，有些女人把追求财富当作生活的全部，这样一来，她们就再也无法享受到生活的诗意与美好，反将自己搞得灰头土脸。上海一家上市公司的女主管罗女士就是如此，她最大的兴趣在于投资理财，清算收益，几乎每天都在用计算机计算当日所得。乐此不疲地追求财富，追求收益，必为财富所奴役，那么，你的生活也只剩下一堆枯燥的数字了。金钱并不是你生活的全部，而是要让你存的钱来丰富你自己的生活。如果你坐拥百万财富，但在生活中苛刻吝啬，不在意自己的生活质量，也少有精神生活的话，那么，也不会有人艳羡这样的生活了。女人可以爱财，但千万不要做守财奴，亏欠自己，辜负人生。

(4) 要有明确目标，让梦想落到实处。

①列出你的财富梦想单据，摒弃异想天开和不切实际的幻想，让切实可行的梦想清晰起来，比如“我要在三年内再买一套小公寓，付首付”。有了具体的目标，在理财方面才会更有动力。

②制定合理的时间表，按表内的时间去执行，不拖延不激进，就像平日的上班一样按部就班。

③理财目标中的长期目标和短期目标的实现。长期目标例如买房、买车、子女教育等，穿插到每一个理财的小目标中，将理财目标按照大小顺序、时间长短、具体数量、最优组合排序。只有赶紧行动起来，理财才不会成为一句空谈。

第三节 智慧投资，用知识武装大脑

20 岁的你，也许正在憧憬自己浪漫美满的小生活；30 岁的你，也许正风风火火地打拼事业；40 岁的你，也许已经从容淡定、波澜不惊。但是，无论身在哪个年龄段，只有金钱自由，女人在各个时期才会有底气。如果没有一定的经济基础，那么之前罗列的这些美丽的梦想也只能如空中楼阁一般。

那么女性如何打造自己一生的“小金库”，提升财富阶层呢？

（1）读点经济理财类的书籍，把知识转化为财富。

小微的大学同学思思，一直都有看经济类书籍的习惯，当宿舍的同学都在看言情小说时，她的案头必备理财图书，比如《穷爸爸富爸爸》、《股票投资学》、《宏观经济学》等书。四年后，大家各奔东西，若干年后，看了无数的言情小说的同学早不看书了，而思思却从理财书籍中走出自己的路子，提前进入中产阶级。她现在还是爱看理财书籍，她最近又在看《彼得·林奇的成功投资》。

可见，知识的储备永远是有用的，特别是和理财有关的知识，建议女性朋友们多多阅读。

(2) 鸡蛋分篮放，让风险最小化。古人都知道把一大堆鸡蛋放在一个篮子，走起路来鸡蛋特别容易相互碰撞。"股神"巴菲特就曾经这样告诫股民：别把所有的钱都投在一只股票上，这样大赚的概率连赔的概率的十分之一都不到。

在苏州一家家电公司上班的高管徐玲，月薪一万元，她每个月除去必要的开支，把钱分成三部分：一小部分投进定期储蓄；一部分投进股市；还有一部分购买短期基金。定期储蓄收益低，保障高；股市回报高，但风险大；短期基金灵活。这样，避免了单一投资的风险性。

在不同领域相辅相成的组合理财，是聪明的女人的做法。盲目地相信哪个产品火了，而压上全部身家，那不是投资，那是赌徒。

(3) 网店一开，金钱涌来。电商已经颠覆了传统商业的模式，中国人的购物习惯已被互联网彻底改变。如果你还枯坐家中，不去投资网店的话，恐怕最好的时机将被错过。

笔者一个未曾谋面的文友达达，来自苹果之乡——静宁。静宁当地的苹果是一流的，比市面上动辄十几块的精品红富士的口感还要好，但地区偏远，果农们的苹果一到丰收季节经常滞销，价格才两三块左右一斤。达达上大学之后的第一件事就是开了一家网店，专门售卖家乡的苹果。她先是在高校设点，后来与武汉一档音乐电台合作，把静宁苹果卖到了武汉三镇，而达达也从穷学生一跃成为“校园富姐”。

(4) 自主创业。

冯晓君是个90后女孩，她学历不高，在送传单的过程中发现传单经常被人扔掉。于是她就想：“如何能让一份广告单被多人阅读呢?”她一边联系快递公司，一边联系愿意在快递单上做广告的商家，赚到了第一桶金，还吸引了一位投资人。在她和几个同学创业的两个月时间里，已有十几家快递公司加入，50多个商家投放广告，营业收入近百万元。她的目标，五年内让公司上市。自主创业，找准市场的需求点，成功就不远了。

(5) 投资国债，稳赚不赔地理财。这里提一下国债的概念。国债分储蓄式国债和柜台记账式国债，它是除定期外安全性极高的一种投资渠道，因为它是以国家的名誉来担保的。一般中老人比较喜欢购买国债，往往一经发行就有人排队购买，因此购买国债要密切关注银行的动作，提前准备资金。

(6) 炒股，高风险与高收益共存。中国证券界的名人尚福林先生说过：“做股票的人要有三闲：一是闲钱，二是闲心，三是闲时间。”很多女性朋友符合这三个条件，她们一般都有充足的时间。

张老太就是其中的佼佼者，她从2000年开始炒股票，算是新中国股市市场的见证人和参与者中的大亨。她说女性炒股更有优势，除了对价钱有天生的“第六感”之外，更重要的是女性比男性多一份细心、谨慎，一旦认准了理，又多些激情，同时都对股票的历史股价、涨跌现状了如指掌的时候，女性的表现为吃不准的，有行情也不做；一旦吃准了的，则义无反顾。而且女性的耐心和韧性足够好。张老太经验总结，遇到好股票能拿得住，要是赔钱了，大部分要捂得住。在瞬息万变的股市里，这恰恰是最重要的。

(7) 不“闯红灯”，误区莫入。理财有风险，进入需谨慎。一旦进入理财误区，可能“赔了夫人又折兵”。对于眼花缭乱的各类理财产品，对于保本的定投基金，对于免费的信用卡等，是机会也是陷阱，不要被它牵着鼻子走。

鲁小姐在一家外资银行购买的一款理财产品到期了，才发现收益几乎为零，与预期16%的高收益相去甚远。23岁的陈女士用信用卡分期贷了四万元，约定四个月还款，续费是每个月300元左右，过了一个月她就提前还清了，结果发现被扣了900元钱的手续费。至于信用卡没开卡就被扣年费等情况的更多。还有50多岁的李大姐，在银行买保险，被工作人员忽悠成了理财产品的。

所以，在购买理财产品时，不要被“高收益”等字眼所迷惑。女性朋友要认真解读理财产品背后的资料，读懂理财产品被销售人员刻意忽略或一笔带过的信息。

第四节　消费可以瘦身，快乐不瘦身

女性是这个世界上的花朵，她们或娇艳如玫瑰，或清淡恬静如清茶，各有风格和味道。这个世界的大多数店都是为女性所开，商家瞄准的消费人群多是女性。毫不夸张地说，女人在各个领域的消费是一块让人眼红的大蛋糕，商家是举手欢迎。基于此，女性在购物消费时不要被“贴心的”商家所误导，被超低折扣冲昏头，买下一大堆无用的东西，应该学会节省开支，理性购物。

（1）逛超市有奇招。

“超市达人”祁大妈就是最佳买手，她几乎每天去周围的几个大型超市，每期的购物广告册家里都有。一旦商家寄来最新的购物广告，祁大妈就戴上眼镜开始研究，会员折扣商品有哪些是自己最近需要的。首先是日常类消费品，缺什么，赶紧打钩，等商品开始“活动价”第一天时就出手，限量的鸡蛋、水果、青菜、肉类、米、油等，每日只有少数名额，一定要在超市开门的第一时间进去抢购。之后凭购物小票到超市的服务台换购低价商品，运气好的话还有免费早餐和豆浆可领。她还是几家超市的会员，因为超市为了吸纳忠实顾客，对会员的优惠打折力度更大，有时候还有消费满多少，送抵用券的折扣。

（2）旅游一路省。相信每个家庭每年都有出游计划，花费几千到几万元不等，其实如果合理规划和选择，是可以省下不少银子的。

①房间、机票在网上提前预订，可以省下20%~30%的费用。机票是预定越早，折扣越大，房间提早预定，不但能保证有房间，还能保证比前台的报价低10%左右。而且网上经常推出一些特价机票活动，秒到就是赚到。旅游中大头是交通和住宿，把这两项费用降低了，旅游的费用会省下很多。

②精选出游的时间和路线。尽量避开出游高峰，错峰出行，避热点出游，最好淡季出游。比如，“十一”和“五一”是中国人喜欢的节日，那么一定要避免去热门景点。淡季去，住宿、交通费用会省20%~30%左右，旅游质量有保障，而且价格也会更优惠，打折力度会比较大。

③准备要充分，不要说走就走。说走就走的旅行看似很潇洒，其实从旅游费用的经济程度上来说并无好处。在外出旅游前建议事先一定要有充分的准备。查找旅游目的地的资料、分析旅游的

最佳路线、分析各种出行方式的优缺点等，综合下来，旅游的花销会更加明确。很多旅游景点凭学生证、记者证、导游证、教师证、军人证、老年证等都有半价甚至免票优惠，因此，有这类证件最好带在身边。同时，应该准备好出游的必备日用品。

④吃、住、行实惠为佳。众所周知，旅游景点的饮食一般都贵，酒店里价格更是不菲，如果普通人出游最好的方式是去吃当地的风味小吃，即当地民众的消费水平，既省钱又能领略不同的饮食文化。

⑤购买纪念品时要少而精。全国几乎每个旅游景点都会有大量纪念品售卖。而且好多纪念品并不是当地独有，旅游购物要仔细考虑，例如大件或贵重物品不必买，如果有商品纠纷维权的话也比较麻烦。有纪念意义、有特色的东西以及物有所值的纪念品可以议价购买。

⑥带好的银行卡或信用卡。异地取款都要收取手续费，对于在外地的消费的朋友而言，带一张使用网点多的银行卡或信用卡方便，也减少了不必要的手续费。此外手机支付或支付宝等现代化支付方式也很方便。

(3) 买衣搭配，风格和混搭很重要。女人的衣橱里，永远少一件衣服，于是女人锲而不舍地买买买，置办行头就可能花掉许多银子不说，还会发愁为什么找不到一件衣服穿呢？其实，搭配是关键，确立风格是最重要的。很多衣服的利用率都是很高的，只要你肯动脑筋，换一换穿法，俨然又是一件新衣，何必又花费多余的钱呢？

当然，还有其他省钱的方法，例如上下班和同事拼车、网购等。

在生活中利用以上方法节省开支，并科学理财，相信大家都会让自己的资产增值。

第五节　女人婚恋理财观，幸福生活由此开启

在中国人的传统观念中，迈入婚姻，人生才刚刚开始。女人的婚姻是人生的另一个开始，那么女人在开始走进婚姻的时候，哪些方面是理财的关注点呢？从结婚到蜜月都是有成本的，若计划好了，则可以低调热闹；若安排不好，则有可能不堪重负，生活压力陡增。

（1）低成本婚礼的新观念。结婚是男女人生中的大事，很多人为了一生一次的排场与风光耗费无数，其实也没有必要。两个人最重要的是承担责任，共同扶持。降低结婚成本，也可以打造梦幻婚礼。

①避开结婚的高峰时期，最好在婚礼举行较少的季节，可以和婚纱店、婚庆公司、酒店、摄影师等沟通，谈下一个满意的价格。此外不必拘泥于选择大酒店，特色酒店的服务更优，价格更优惠。时间可以定在周一至周四，错开周末高峰。在晚上办酒宴也可以。另外，当今许多年轻人已经转变思想，开始倡导更多低

成本婚礼，比如旅游婚礼、绿色婚礼、骑行婚礼、低碳婚礼、集体婚礼……打造独一无二的个性化婚礼，也不失为一种巧思妙招。

②多租少买。干花、绿色装饰、灯带、盘碗杯碟、桌椅等，这些大量一次使用的东西不必购买，一切都可以租用，可以节省不少费用。

③婚礼音乐 DIY。不需定制音乐，选择已有的经典歌曲作为婚礼音乐，可以请有这方面特长的朋友全程录播音响，请年轻的朋友做婚礼的主持等，这样又可以省下一大笔开支。

④酒宴上的菜品可以将昂贵和便宜的菜品混搭，尽量在档次和经济上求得平衡。

⑤婚礼中的用车不必追求豪车，多在婚车的包装细节上下功夫，一样可以吸引眼球。

⑵ 蜜月消费理财小贴士。如今度蜜月不稀奇，明星有明星的玩法，普通人有普通人的玩法。浪漫、经济、休闲、安全的蜜月旅程是新婚夫妻的大事，那么如何安排好高性价比的行程和控制开销是最重要的。

①提早搜集蜜月地信息、航班打折信息、酒店优惠信息、目的地的风土人情、特色小吃等，锁定 2~3 个备选，综合考虑后定下最优行程。

②巧用信用卡积分、会员积分等的功能及其特别服务项目和优惠条款，比如兑换免费机票或赠酒店抵用券等。

③出游的时机选择，4~6 月间，天气适宜，价格合理，如果是境外游，暮春和初秋是不错的选择。

④去人民币没有贬值的地方，兑换汇率走低的会使你的预算大打折扣。现在人民币汇率走势越来越低，去境外一定要选择人民币还未大幅贬值的蜜月目的地。

(3) 账单要理清。幸福的二人生活，从每一分钱的出处和用处开始。

四川的梅女士自从结婚后就养成了和老公一起记账的习惯。他们通常是在晚饭后，闲聊中把两人当天收支情况及时记下来。他们结婚五年多了，梅女士已经养成了对家庭开支进行计划的习惯了。收入支出表是一个很重要的财务分析工具，如果有理财意识的个人或家庭一定要做。在这里我给出一个收入支出表的轮廓，其大致可分三栏：收入、支出和结余（或者超支）。收入支出表可以以月为周期，也可以以年为周期。收入类一块为工资、奖金或佣金、利息或分红、租金收入等。支出类一块为房贷（或房租）、家电、汽车、生活开支、服装、应酬、医疗费用、商业保险和其他消费等。最后是结余或者超支。然后针对家庭的收支做出整体的理财计划，制订最优的理财方案。

(4) 省钱对抗通货膨胀的巧招。物价嗖嗖地往上涨，工资收入却四平八稳，除必要支出之外，能省的地方其实很多，做到以下几点，荷包就会"暖和"许多。

①居家过日子精打细算，大型超市的会员商品、特价商品、折扣商品等要时时留意，逢活动时出手一定又便宜又好。省下的钱可以提高生活质量。再比如，超市的店庆、会员日、佳节来临前，一般各大超市都会推出酬宾活动，也是采购的好时候。

②改变饮食结构和饮食习惯。在肉价排骨上涨厉害的今天，我们适当改改餐餐“无肉不欢”的习惯，适当清淡饮食，既可以节省开销，还有利于身体健康。

③减少不必要的开支。比如，ATM 跨行手续费、信用卡年费等。

④优惠券、卡券、现金红包、抵用券等，在埋单时记得冲抵现金。当然，也不要为了花掉各式各样的券而买不需要的东西。

⑤尽量不在外就餐，买新鲜食材自己做，成本会降下去很多。有的人在外一顿的费用基本就可以够一个月的伙食费了。网上订餐是不错的选择，可选的菜品很多，价格也会优惠 15%~20%不等。

⑥兑积分，获返现。超市的积分可以直接抵现金买东西，手机话费积分可以换电子购物券，信用卡积分有加油卡送等。总之商家、运营商给的福利，一定要多用，它们大都有个期限，在期限前使用完毕，以免清零。

⑦打折促销的时候可以适当根据家里的需求，屯一些日用消耗品品，比如米和油、毛巾和卷纸之类的日常生活必需的东西。

第六节　几种日常理财计划

未雨绸缪是多数家庭的习惯，我们总要为自己或者家人的未来的压力或者忧患提前规划，为自己的幸福打底子，在一个家庭组建之日起，它的理财计划就可以开始了，但是不同需求、不同阶段人群的理财投资计划是不一样的。

（1）低收入家庭理财全攻略。低收入家庭的可支配收入不多，女性理财才显得尤为重要，让钱生钱，用好理财方法，攒下自己的钱。

①每月定时积极储蓄。每个月工资到账日，一定要把一部分计划储蓄的钱存进银行，剩下的部分钱才是可以花的，长期坚持下去，这个习惯会让你受益终身。其实很多"月光族"不是因为工资低，而是没有长期定期储蓄的习惯，钱当然随着日常开销流走。

②养成随时记账的习惯。女性朋友可以每月通过对家庭的支出进行简单的统计，找出必要消费和非必要消费，明白钱流向哪

里，哪里可以不必花钱。既然收入不高，就要明白家庭只能进行什么样的消费。理性消费的习惯养好了，那么整个家庭的消费井然而合理，不至于因为某项不必要的开支而捉襟见肘。

③尽量压缩人情开支。在当今的社会中，人情消费越来越多，所谓“赶得人情揭锅卖”。人情消费先是情，后是债。

④家庭采购早计划，女性在每个月底或月初，都要对自己要采购的东西做盘点，支出的费用大致做到心中有数，如购置服装、蔬菜和日常用品等，不要盲目地购买而多花费，改掉自己乱花钱的坏毛病。

⑤节减开支，虽然有的数额看起来不大，但是时间长了，就是一笔大数目，比如节能、节水、节电、节气等。要尽量自己做饭，减少在外就餐的开支。

⑥对家里的东西勤护理，物品都有自己的寿命，勤于护理的人，东西更禁用，能在无形中减少以旧换新的消费。在生活中要对电视机、电冰箱、音响、微波炉、电灯、洗衣机等家电做到爱惜使用，鞋包皮具上油护理，打理如新的衣服等也能减少支出。

⑦能做点兼职，增加收入会更好。低收入家庭要想办法兼职，利用灵活的兼职来获得报酬，积少成多。

⑧为家人买保险，低收入家庭一定要购买意外险和疾病险，因为低收入家庭经不起变故，要善于购买保险降低家庭风险。

⑨必要投资不能少。低收入家庭要选择高的投资回报率，多

关注资本市场的动向，多学习投资的知识，如股票、期货、国债、黄金、货币市场基金和人民币理财产品的知识，理财渠道很多，投对理财领域，收入也会相当可观。

(2) 新婚夫妻理财高招。一般新婚夫妻经过办婚礼、度蜜月，或者还房贷等，家底一般都基本"清零"了，甚至负数都有。这时，如果不掌握一些理财手段来稳定和壮大自己的家庭收入，那么恐怕很长一段时间都走不出财务危机。那么怎么做好呢?

①核算家庭支出。如果双方结婚后，仍保持"月光族"的消费方式是不行的。婚后两个人共同生活，生活花销陡然增大，家庭支出比单身的时候要明显增多，这时就需要核算两人的收入，必要支出做好预算，共同减少不必要消费，保证月有结余。

②在略有结余的基础上改变理财的单位，变个人理财为家庭理财。单身时的理财规划随着组建家庭而改变。两个人的各自收支，进行合理的计划安排和使用。

③统筹安排家庭理财。诸如孩子的出生养育费、双方父母的赡养费、家庭的日常必要开支、自己将来的养老费、各种家庭保障等问题统统要考虑在里面。

④整理家庭财产，存款多少、投资多少、有无负债、有无固定资产、流动现金多少，把它做成一张表，可以多方咨询理财顾问，制定理财规划。

⑤调整投资组合，如果事先夫妻双方都有投资，那么看看投

资方向是否重合。如果投资方向重合，则资金可以合二为一进行重组；如果相去甚远，对比各自的收益，然后重新规划投资方向。

⑥整合家庭总资产后，开销和投资量力而行，比如，是否要购置房产或车子，如果贷款买房，月供不能超过家庭月收入的30%，如果再加上买车，总体费用不能超过家庭收入的50%，否则容易家庭财政吃紧，遇上突发事件，无法应对。平时的生活费、交通费、娱乐费、置装费、杂费等也要有效地控制在家庭收入的40%之内。

(3) 高收入丁克家庭的理财方案。

林先生，45岁，公司高管；妻子张女士，33岁，女白领，两人结婚十年未育，打算不要小孩。两人的年收入分别为35万和8万左右，拥有住房两套，银行存款120万，两人有社保。这对夫妇就属于收入水平较高、有一定积蓄、事业处于上升阶段的典型白领"丁克家庭"。他们的家庭理财特点是：两人资金积累较丰富，家庭的抗风险能力也较强，但其资产分配中，固定资产的比例远远大于流动资金。除房产外，其资产主要以储蓄的方式持有，资金配置单一，且收益率非常低。因此，建议这类家庭在理财时注意以下几点。

①首先要增强风险意识，每人购买一份商业保险。由于两人目前的收入较高，生活质量也较高，如果15年后林先生进入老年阶段，仍保证较高的生活质量，那么夫妻两人就应尽早为养老和

医疗做规划。建议夫妻二人每年分别为自己购买5万元左右的商业保险，可选择15年交清，包括养老保险和疾病保险。到时就可以在保险公司领取每月4000多元的生活费直至终老，避免无子女可依靠的空白。

②住房增值，一套自住，一套出租，可以把出租房适当装修和打理，提高房子的回报率。

③扩大投资渠道，提高资产收益。目前林先生的家庭存款有120万元，且抗风险能力较强，因此建议拓展投资渠道，搭配一定比例的高风险投资，实现收益最大化。比如拿出30万元炒股，年收益可以实现10%~18%；拿出20万投资股票基金，长期持有它，预计年化收益在6%左右。基金收益不如股票，但风险相对较小，它是一种比较好的长期投资的方式。

第七节　买保险，给家和人生“系上安全带”

保险最大的优点就在于它的保障功能。它追求的是本金的安全性、稳定性以及长期投资的获利性。它强大的保全资产的功能是任何其他投资理财产品都不具备的。聪明的女人善于买保险，为自己、为家人、为孩子、为未来做打算，未雨绸缪。保险是“理财金字塔”的三角支架，有了它，我们的资产配置将更加科学、健康、安全、合理和稳健。一句话，保险是接近零风险的投资。那么，在买保险的路上，挑选好的保险公司、选择靠谱的保险经纪、理赔等问题如何解决呢？

（1）弄明白保险是保什么。保险，有的文献是这样定义的：在法律和经济学意义上，是一种风险管理方式，主要用于经济损失的风险。通过缴纳一定的费用，将一个实体潜在损失的风险向一个实体集合的平均转嫁。这是从宏观经济学的角度来定义。也有这样定义的：保险是生命的延续、经济的延续，是爱的承诺、责任心的完美体现。这是从人文的角度定义。

家住秦皇岛的卢女士，45岁的她早在15年前为家人每人购置了一份重大疾病和一份养老分红保险，那么在医保不能报销的部分，就可以有商业保险来支付，等到退休时，他们还可以领到不菲的养老金。这样卢女士人生基本能保证生活无变故。

事实上，在人类进入21世纪的时候，保险已经成为人们生活中不可或缺的板块。女人不能一味保本储蓄，也不能一味投资急进，要发挥组合功效，不把资产放到一个篮子里。

(2) 保险的作用

①退休后可获得养老金；

②意外身故后，家人生活的基本资金；

③个人、家庭医疗保障；

④免除所得税、遗产税、财产转移；

⑤子女的教育作用；

⑥结婚、购房基金；

⑦投资理财。

人们的健康风险和生命风险一旦发生，它需要的金钱会是一个很大的数字。

今年24岁的小青，刚出来工作两年，她就购买了意外伤害险和综合医疗险，她曾经的一个同学因为白血病家里债台高筑，她说她自己可以没钱，但不能拖累全家。其实，保险就是下雷阵雨时你手上的那把伞，在你最需要的时候可以替你挡雨。

（3）保险注意事项。当你有了保险意识之后，那么下一步就是具体购买哪种保险的问题了。我们买保险也可以说买未来生活的保障，一定要慎重。

①看公司的条款是否适合自己的需求，售后怎么样。

②比较险种，不要听信保险代理推销盲目购买。

③研究条款，保险不是无所不保，要弄清条款中的有哪些是责任免除的部分，搞清楚保单的保障范围和自己的保险需求是不是一致的。

④确定需求。比如担心患病时医疗费用难以承受，应该购买医疗保险；为年老退休后生活担忧的人应该选择养老金保险；希望为儿女准备教育的父母，可投保少儿保险，或教育金保险。

⑤要考虑保险不能转送。不要因为营销员是熟人，出于情面而硬着头皮购买，以后发现买到的是不适合自己需要的险种，不退难受，退了经济受损失也难受。

⑥要考虑责任。不能单看买一份保险花了多少钱，要搞清楚这一份保险的保险金是多少，保障范围有多大，要全方面考虑。

（4）女性保险的购买技巧。“女性保险”顾名思义就是专门为女性量身打造的保险产品。它针对女性特有的生理特点、年龄特点和社会角色设置保险利益，为女性提供真正需要的保障。女性保险产品大部分具有“支出少，受益高”的特点。

①女性投保的年龄段不同，保险需求不同。20 岁建议首选意外和医疗保险，因为这一时期的女性外出较多，所以首先要保障意外事故和身体不适的医疗保险。30 岁建议选择再加上重疾和女性疾病保险，重大疾病保险为身体护航，此外因为生育的问题可以购买妇婴险，保障新生儿。30~45 岁，建议再加一个定期寿险。45~55 岁可以选择意外、医疗和寿险。到了 55 岁以上，保险的选择余地就小了许多。女性买保险，宜早不宜迟。

②女性职业的不同，投保侧重不同。自由职业者或者全职太太，建议保险品种应包含意外、医疗、重疾、寿险，尽量全面。而有医保和单位可以报销医疗费用的职业女性，比如公务员和教师等职业本身享受医保，建议在医疗险上选择津贴型的保险。

（5）买保险要做好的前期准备。当你决定去买保险时，不要马上联系保险经纪，这样几个选择题要做好。

①选公司。保险除了保障之外，还有分红和理财，有收益，所以要在几十家保险公司中选择一家牌子响、排名靠前，营利好的公司。大公司服务好，有保障。

②选保险代理人时要选择一个有专业知识、有资质、从业时间相对较长的代理人。保险的售后很重要，因为争取保费和理赔时也

会多次和代理人打交道的。

③选保险产品。依次顺序是：首选意外伤害、意外医疗，然后是住院报销，再是重大疾病、养老、子女教育、保险理财等。按照生活中的重要程度依次排序。当然，如果资金充裕，购买全面一点会更好，但如果闲钱不多，则可以按照重要性由大到小顺序来购买会好一点。